LA RUPTURE
DU
TRAITÉ DE BRÉTIGNY
ET SES CONSÉQUENCES EN LIMOUSIN

DE L'APPEL DES SEIGNEURS GASCONS A LA TRÊVE DE BRUGES
(1368-1377)

D'APRÈS DES DOCUMENTS INÉDITS

Par Gve CLÉMENT-SIMON

PARIS
HONORÉ CHAMPION, LIBRAIRE
9, quai Voltaire, 9
1898

LA RUPTURE DU TRAITÉ DE BRÉTIGNY
EN LIMOUSIN

IMPRIMÉ A 50 EXEMPLAIRES

N° .

LA RUPTURE

DU

TRAITÉ DE BRÉTIGNY

ET SES CONSÉQUENCES EN LIMOUSIN

DE L'APPEL DES SEIGNEURS GASCONS A LA TRÊVE DE BRUGES

(1368-1377)

D'APRÈS DES DOCUMENTS INÉDITS

Par G^ve CLÉMENT-SIMON

PARIS
HONORÉ CHAMPION, LIBRAIRE
9, quai Voltaire, 9

1898

AVANT-PROPOS

L'objet initial de cette étude et qui en restera la partie neuve, traitée de première main, sur documents inédits, fut l'éclaircissement de faits, restés ignorés, intéressant l'histoire de la ville de Tulle et celle de la guerre de Cent ans.

Dans cette lutte plus que séculaire où la France fut à la veille de perdre sa nationalité et de tomber au rang de colonie anglaise, la capitale du Bas-Limousin eut sa large part des misères de la patrie. Elle fut prise une première fois par les troupes du comte de Derby, en 1346, et recouvrée la même année par le comte d'Armagnac, non sans effusion de sang. Nous n'avons que fort peu de renseignements sur ces actions militaires, mais elles sont inscrites à leur date par des titres contemporains.

On savait encore, par tradition plutôt que par des témoignages positifs, que Tulle avait été, un peu plus tard, occupée de nouveau par les Anglais. On ne trouvait toutefois aucun indice à cet égard dans les chroniques et mémoriaux de la région.

C'est le savant Etienne Baluze qui a, le premier, voulu préciser cette vague information. Il y a mal réussi. Néanmoins, les historiens postérieurs l'ont suivi sur parole.

On lit en effet dans l'*Historia Tutelensis* : « L'an mil-trois-cent-soixante-neuf, la guerre embrasant l'Aquitaine, après la prise de Limoges par Edouard, prince de Galles, le duc de Lancastre, son frère, revenant à Bordeaux, assiégea et prit la ville de Tulle qui était sur son chemin, ainsi qu'il résulte des lettres qu'en l'année mil-trois-cent-soixante-treize Charles V accorda à Guillaume Eschameil, chevalier, seigneur de Favars, près Tulle. Parmi ceux qui assistaient le duc de Lancastre dans cette circonstance, on cite Jean de Montfort, duc de Bretagne, qui se portait vicomte de Limoges » (1).

L'énonciation est très claire, semble appuyée de justifications : on comprend qu'elle ait inspiré confiance. Il y a pourtant dans ces quelques lignes, révérence parler, presque autant d'erreurs que de mots (2).

D'abord, la ville de Limoges ne fut pas prise par le prince de Galles en 1369, mais bien le 19 septembre 1370. Après ce sanglant exploit, le duc de Lancastre ne se sépara pas de son frère, le suivit non à Bordeaux, mais à Cognac d'où ils étaient venus à Limoges et où ils rentrèrent directement. Tulle n'était pas sur leur chemin et cette armée ne pénétra pas dans le Bas-Limousin. Quant à Jean de Montfort, duc de Bretagne, il ne parut à Limoges ou aux environs ni en 1369, ni en 1370. Il fut présent à la prise de Tulle qui eut lieu plus tard, mais la question de la vicomté de Limoges n'avait rien à voir dans son alliance avec le duc de Lancastre. Jean de Montfort ne « se porta » jamais vicomte de Limoges. Il n'avait à ce titre pas même l'apparence d'un droit (3).

---

(1) Anno M. CCC. LXIX, ardente bello Aquitanico, post captam urbem Lemovicum ab Eduardo principe Walliæ, Joannes, dux Lancastriæ, frater ejus, Burdegalam rediens, Tutelam, quæ in via erat, obsedit cepitque, ut legitur in litteris quas anno M CCC LXXIII rex Karolus V concessit Guillelmo Eschamelio, Militi, domino loci de Favars haud procul Tutela. Inter illos porro qui cum duce Lancastriæ erant in obsidione urbis nostræ, memoratur Joannes de Monteforti dux Britanniæ, qui se ferebat vicecomitem Lemovicensem. » — *Historia Tutelensis*, p. 204.

(2) L'*Historia Tutelensis* est presque exclusivement ecclésiastique et généalogique. Dans ce genre, c'est un modèle d'érudition consommée. Son illustre auteur s'est à peine préoccupé des faits de l'ordre civil et, sous ce rapport, son œuvre laisse voir beaucoup de lacunes et quelques erreurs.

(3) La vicomté de Limoges appartenait à Marie de Limoges, première femme d'Artus II, duc de Bretagne. Les enfants de Marie

Les lettres royales en faveur de Pierre de l'Echameil relatent bien la prise de Tulle par le duc de Lancastre. Elles sont du mois de mars 1374 (n. s.) et leur simple lecture démontre qu'il s'agit de la fameuse chevauchée de l'année précédente (1373) et non d'un fait d'armes ayant suivi la prise de Limoges, en 1370.

Le Père Bonaventure de Saint-Amable (1), si mal renseigné pour tout ce qui ne concerne pas la ville de Limoges et son voisinage, ne parle pas de la prise de Tulle, ni en 1369 ou 1370, ni en 1373.

Quant à Marvaud, historien spécial du Bas-Limousin, il brode d'imagination sur le canevas de Baluze. C'est le prince de Galles lui-même qui, non rassasié du sang versé à Limoges, voulut faire éprouver sa puissance à la seconde ville de la province où son triomphe éphémère fut suivi d'une terrible leçon. « Après la prise de Limoges et avant de rentrer en Guyenne, le prince tout couvert de sang vint encore assiéger la ville de Tulle qui vainement défendue par ses habitants fut obligée de céder. A peine les Anglais s'y étaient-ils installés qu'on vit accourir de toutes les gorges des montagnes les gens du pays qui au cri de Tuele! Tuele!... chassèrent l'ennemi, le poursuivirent à travers les forêts et les défilés des montagnes où ils en tuèrent un grand nombre avec une rage inconcevable. Tulle reçut pour récompense de son courage l'affranchissement de ses impositions et de toutes corvées. » (2).

Voilà certes une brillante revanche prise par la petite cité contre l'armée anglaise, forte de 10,000 hommes, commandée par trois fils du roi d'Angleterre. On s'étonne seulement que le prince de Galles, hydropique, traîné en chariot, ait échappé à la poursuite furieuse des paysans de la banlieue de Tulle et

---

de Limoges pouvaient seuls y avoir des droits. Jean de Montfort était fils de Yolande de Dreux, comtesse de Montfort, seconde femme d'Artus II.

(1) *Annales du Limousin*, t. III de son *Histoire de Saint Martial*.

(2) *Hist. du Bas-Limousin*, t. II, p. 214. Il ajoute que l'anoblissement de certains bourgeois eut lieu à cette occasion et pour leur belle conduite. Nous verrons, au contraire, que la plupart de ces personnages anoblis antérieurement se rendirent, dans cette circonstance, coupables de félonie.

n'ait pas figuré parmi les morts massacrés en si grand nombre dans les défilés des montagnes... Et voilà comme on écrit l'histoire !... Ce drame est une pure conception du professeur Marvaud ; la réalité telle que nous essaierons de l'exposer, n'est pas aussi émouvante, mais n'est pas moins digne d'intérêt.

Pour redresser un érudit de la taille de l'illustre bibliothécaire de Colbert, il faut y regarder de plus près qu'avec Marvaud. L'enquête a été faite avec le soin nécessaire. La ville de Tulle n'a été prise par les Anglais ni en 1369, ni en 1370, mais en 1373, lors de la chevauchée des ducs de Lancastre et de Bretagne de Calais à Bordeaux. Le fait est à l'abri de toute incertitude et résulte de nombreux documents authentiques. Malheureusement, à raison de l'insouciance déjà signalée de nos chroniqueurs locaux touchant les événements de l'ordre civil, nous ne pouvons encore cette fois jeter une lumière complète sur ces conjonctures mémorables. Sur cette action de 1373, nous avons réuni quelques notions, quelques particularités qui font encore défaut pour celle de 1346. Au moins savons-nous par quel général la ville fut prise, par quels citoyens elle fut livrée, d'où venait l'armée ennemie, où elle allait !... Mais, comme on le verra, un certain mystère plane autour de cet exploit du fils d'Edouard III. On entrevoit des manœuvres, une intrigue, peut-être une trahison dont on ne saisit pas les fils.

Le sujet s'est étendu par suite des recherches. Nous avons constaté que cette chevauchée de 1373 était peu connue dans ses détails. Les historiens les plus copieux les résument en quelques lignes. Une armée que quelques-uns portent à 30,000 hommes, traversant la France de part en part, semant l'incendie et le pillage sur son parcours, mais contenue par le connétable Du Guesclin et les frères du roi qui la suivent, la harcèlent, l'empêchent de remporter aucun succès important, cette expédition marqua dans le règne de Charles V, elle détermina les trêves de Bruges, avantageuses à la France, elle correspond à ces dernières années d'Edouard III, si attristées par la décadence de ses armes et les succès de son adversaire. Il n'entrait pas dans notre cadre d'étudier la marche de l'armée anglaise dans son entier parcours, de Calais à

Bordeaux. Nous avons pu relever ses étapes et ses gestes sur le territoire du Bas-Limousin, des frontières d'Auvergne à celles du Périgord. Ces notions n'étaient pas connues.

Les événements que nous faisions sortir de l'oubli étaient la suite et la conséquence du plus grand acte du règne de Charles V, la rupture du traité de Brétigny, et avaient un étroit rapport avec des faits antérieurs qu'il était indispensable d'examiner et de rappeler. Cet examen nous a amené à grouper tous les faits connus se rattachant à ce conflit en Limousin, en y ajoutant quelques découvertes puisées dans les manuscrits. Ce travail était à faire : nous y avons mis toute notre curiosité et ce que nous possédons de critique historique, ne nous contentant pas de consulter les compilateurs et recourant toujours aux sources originales. Ces membres épars se sont trouvé former un corps que nous avons cru devoir présenter dans son ensemble. C'est ainsi que l'étude spéciale sur la prise de Tulle et la chevauchée du duc de Lancastre en Bas-Limousin, à la fin de 1373, s'est convertie en un essai d'histoire militaire du Limousin durant les dix années qui s'écoulèrent de la rupture aux premières trêves. Cette période est peut-être la plus tourmentée, la plus cruelle que ce pays ait eu à traverser, étant marquée par l'inoubliable massacre de Limoges et une série de désastreux attentats contre les principales villes et les châteaux, les biens et les personnes.

La partie de ce travail concernant plus particulièrement le Bas-Limousin est appuyée sur des pièces justificatives qui nous ont révélé des faits ignorés et méritent toute l'attention du lecteur.

Bach, près Tulle, décembre 1897.

LA RUPTURE DU TRAITÉ DE BRÉTIGNY

ET SES CONSÉQUENCES EN LIMOUSIN

CHAPITRE PREMIER.

Le fouage du prince de Galles. — L'appel au roi de France. — Adhésion des seigneurs limousins. — Ouverture des hostilités. — Incursions de Jean Chandos et des fils d'Edouard III en Limousin.

La rupture du traité de Brétigny fut amenée par la faute du roi d'Angleterre et non comme l'ont écrit quelques historiens par le calcul et la duplicité de Charles V. Edouard III exigea rigoureusement l'exécution des clauses qui lui profitaient, et durant six mois (septembre 1361 — mars 1362), Jean Chandos fit à travers la France cette tournée d'expropriation dans laquelle la moitié du royaume fut livrée à l'Anglais [1]. La plupart des barons et des villes du Midi ne se soumirent qu'à la suite des ordres réitérés et des prières instantes du

(1) V. le *Procès-verbal de la délivrance à Jean Chandos, commissaire du Roi d'Angleterre, des places françaises abandonnées par le traité de Brétigny*, publié par M. Bardonet ; Niort, 1867.

malheureux roi sorti de prison [1]. Quant aux obligations mises à la charge d'Edouard, il négligea volontairement de les remplir.

Le traité provisoire signé à Brétigny-les-Chartres le 8 mai 1360, par les délégués du Régent et du prince de Galles, reçut d'importantes modifications lors de la réunion des deux rois, à Calais, au mois d'octobre suivant. Ces conventions définitives qui annulaient les précédentes, furent jurées par Edouard III et Jean-le-Bon le 24 octobre ; seules elles constituaient la loi des parties. Elles ont gardé dans l'histoire le nom de Traité de Brétigny et la date du 8 mai. Le nom de Traité de Calais et la date du 24 octobre conviendraient mieux à la réalité des faits. En conservant l'appellation en usage, il faut se reporter à la rédaction de Calais et non à celle de Brétigny, pour éviter l'erreur d'appréciation que nous avons signalée.

Sans parler des infractions à certaines stipulations accessoires, mais de grave conséquence, et de la violation flagrante de l'esprit du traité [2], Edouard III se déroba à l'exécution du principal article consenti à Calais et qui gênait le plus son ambition. Le nouveau traité portait expressément que le roi de France ne renoncerait à la suzeraineté et au ressort sur les provinces cédées que moyennant la renonciation faite de son côté par le roi d'Angleterre à toute prétention à la couronne

---

(1) Les seigneurs prétendaient que le roi n'avait pas le droit de les mettre hors de sa suzeraineté, sans leur aveu. Les villes ne firent pas moins de difficultés. Il fallut plus d'un an pour vaincre la résistance de La Rochelle. V. Froissart, éd. Siméon Luce, t. VI, pp. XVII, 57 à 59 ; t. VII, pp. XXXVI.

(2) Il garda les alliances qu'il devait rompre, laissa continuer le désordre et la guerre sans mettre hors les compagnies de son parti, *l'ost d'Angleterre*, comme il y était tenu. Loin de ménager l'accord de la querelle de Bretagne, suivant sa promesse, il poussa aux hostilités. V. art. 31, 35, 20, etc. de la rédaction de Calais. Cf. Mézeray, *Hist. de France*, t. II, p. 480, édit. in-fol. et la grande majorité des historiens français.

de France et à tout droit sur le surplus du royaume. Ces renonciations réciproques devaient être échangées à Bruges, le jour de Saint-André (30 novembre 1361) (1). Les mandataires de Jean le Bon furent exacts au rendez-vous avec pouvoir d'effectuer les renonciations. Ceux d'Edouard III firent défaut.

Le roi d'Angleterre, mis en possession suivant le traité, ne voulait renoncer formellement ni au titre de roi de France ni à ses revendications sur la Normandie, la Bretagne, la Touraine, l'Anjou, les Flandres, etc. (2) ; mais en vertu du même traité, il restait ainsi, pour ses seigneuries françaises, le vassal du roi de France.

Froissart, toujours sympathique aux Anglais, insinue que les négociateurs français glissèrent comme subrepticement « par manière de langage » (3) cette convention qui fut acceptée sans y prendre garde. Rien n'est moins exact. L'acte des renonciations constitue un traité séparé, longuement libellé. Que les juristes qui représentaient le Régent aient ainsi voulu laisser une porte ouverte à la discussion sur cet abandon de suzeraineté contraire au droit constitutionnel, l'intention n'est

---

(1) Le traité de Calais comprenait deux instruments : 1° le traité proprement dit, à conditions fermes ; 2° l'acte des renonciations qui laissait en suspens la question de suzeraineté du roi de France et les autres prétentions du roi d'Angleterre. Ce dernier acte constituait une très importante modification du traité passé à Brétigny. V. Cosneau, *Les grands traités de la guerre de Cent ans*, pp. 35-37, 53 et s., 173 et s. (Paris 1889) ; les *Grandes Chroniques de France*, éd. Paulin, Paris, t. VI, pp. 255-263 et Rymer, t. III, part. II, pp. 10-13.

(2) Voir le monstrueux traité de Londres (24 mars 1359) arraché au roi captif et que les Etats de France rejetèrent unanimement « comme non passable et faisable ». Cosneau, *ibid.*, pp. 1-31.

(3) Froissart-Luce, t. VI, pp. v, 1 à 5, 212, 243. — L'ajournement des renonciations fut motivé sur les difficultés de rédaction que présentait cet acte très complexe. Et, en effet, elles étaient des plus nombreuses et des plus ardues. On ne se serait certes pas entendu. Le roi fût resté prisonnier, la guerre eût continué. C'est ce que l'habileté des négociateurs français réussit à éviter.

pas à blâmer. L'expression du sentiment public était irrésistible sur ce point, elle se dévoilait sous les protocoles. Longtemps obscurcie par le régime féodal, l'idée de nationalité s'était enfin développée pour ne plus périr. Ce pays ensanglanté, épuisé, accueillait la paix avec joie, mais ne ratifia pas un seul instant le traité draconien avec toutes ses conséquences [1]. L'Anglais feudataire pour la meilleure partie du territoire, c'était déjà la France abaissée, le roi diminué ; l'esprit féodal n'était pourtant pas révolté par ce résultat de la guerre, mais l'étranger, l'ennemi héréditaire, prince souverain et indépendant, « voisin » (l'Anglais répète le mot dans le traité), la vieille France était abolie, partagée entre deux rois, réduite à l'état d'enclave, enserrée de toutes parts par une principauté rivale ! Cela ne pouvait être, on le laissait en suspens en gardant quelque vague espoir que cela ne serait pas. Puis l'Anglais s'était fait haïr. Il traitait ces possessions acquises par la force « comme la terre d'un autre » [2], chargeait le peuple d'impôts, éloignait systématiquement les seigneurs du gouvernement et des honneurs. Les deux races se connaissaient désormais. Elles étaient contraires, inconciliables [3]. La domination anglaise était insupportable, particulièrement en Guyenne. Cette conception que l'Anglais devait être chassé de France était devenue une conviction générale. Le mouvement, parti du Midi, s'était accentué à l'avènement de Charles V. Les frères du roi,

(1) A vrai dire, la capitale seule manifesta un contentement qui « ne dura guère ». — « Cette paix tant souhaitée fit pleurer toute la France ». Michelet, *Hist. de France*, t. III, p. 422.

(2) Le mot est encore de Michelet, p. 461.

(3) Spécialement les Poitevins, les Limousins... « Et sont cil de Poito, de Saintonge, de Limozin, de Rouergue... de tel nature qu'il ne poöent amer les Engles, quel semblant qu'il leur moustrent ». Froissart-Luce, t. VII, pp. XXXVIII, 92.

notamment le duc d'Anjou, lieutenant général en Langue-d'Oc, entretenaient, excitaient ce patriotique élan[1].

Le prince de Galles créé prince d'Aquitaine en 1362, ayant édicté le 26 janvier 1368 (n. s.) une taille de 10 sols par feu sur ses sujets, Jean, comte d'Armagnac et de Rodez, de concert avec d'autres seigneurs gascons, refusa de la lever sur ses terres, comme contraire à ses franchises et en appela au roi de France resté son suzerain[2].

Cette qualité, nous l'avons dit, n'était pas douteuse. Charles V n'eut pas besoin de « mentir hardiment »[3] pour la faire reconnaître à quelque temps de là par la Cour des Pairs. Aucun juriste, aucun homme capable de lire les traités ne pouvait la contester. Elle était, en outre, inscrite en toutes lettres dans les actes de transfert des provinces cédées. En ce qui concerne le comté de Rodez notamment, l'ordonnance du roi Jean en son grand conseil, du 27 juillet 1361, portait

---

(1) Les trois frères du roi étaient : Louis, duc d'Anjou, 1339-1384; Jean, duc de Berry, 1340-1416; Philippe, dit le Hardi, duc de Bourgogne, 1342-1404. Jeanne, leur sœur, fut mariée à Charles le Mauvais, roi de Navarre.

(2) Froissart-Luce, t. VII, pp. xxxvi, 84 à 86. — L'ordonnance relative au fouage a été publiée *in extenso* dans le *Bulletin de la Société archéologique du Limousin*, t. I, pp. 49-52. Il en résulterait que cet impôt avait été non seulement accordé mais offert au prince par les Etats de sa principauté, réunis à Angoulême, en échange de concessions et franchises par lui octroyées et qui sont détaillées dans l'ordonnance. Mais la rédaction de la chancellerie du Prince Noir est sujette à caution. Il est certain que la plupart des Etats n'avaient pas consenti. Les seigneurs gascons prétendaient que le traité de Brétigny qui maintenait formellement leurs franchises se trouvait violé par cette taxe. Ils soutenaient, en outre, que le roi n'avait pas le droit de les séparer du royaume, surtout sans leur consentement.

(3) Le jugement est du plus brillant (non du plus solide) de nos grands historiens (Michelet, *Hist. de France*, t. III, p. 458, éd. de 1852). Il reconnait pourtant (même page) que « les Anglais avaient rompu eux-mêmes la paix en lâchant leurs compagnies sur la France. »

expressément que la cession n'était faite que « *sauf et réservé à nous la souveraineté et le dernier ressort jusques les renonciacions soient faites* »[1]. Mais quoique le Droit (droit de propriété) tînt alors une plus grande place dans le règlement des conflits internationaux — la nation étant surtout un territoire, — la Force le primait souvent et Charles V devait se demander s'il était en mesure d'appuyer sa légitimité autrement que par un arrêt de justice. Aussi usa-t-il de prudentes temporisations, et ce n'est qu'après avoir pris l'avis des grands corps de l'Etat[2], des jurisconsultes et sondé les intentions des plus puissants seigneurs féodaux, qu'il se décida à recevoir l'appel et à faire assigner le prince de Galles devant la Cour des Pairs de Paris (25 janvier 1369). On connaît la réponse de celui-ci imitée de son aïeul Guillaume le Conquérant : « Il se rendrait à Paris, puisque le roi de France l'y appelait, mais ce serait « le bacinet en sa teste et soixante

---

(1) *Lettres de Rois, ... tirées des Archives de Londres par Bréquigny*, publiées par Champollion-Figeac, t. II, pp. 136-141 (Paris. 1847, dans la collection des *Documents inédits* publiés par l'Etat). — On voit que le « mensonge » remonterait au roi Jean et qu'Edouard III lui-même le tenait pour vérité incontestable puisque ces lettres étaient délivrées en sa faveur et qu'il prit possession du Rouergue en vertu des ordres qu'elles contenaient. — Les premières éditions de l'*Histoire* de Michelet sont antérieures à la publication de Champollion, mais la lecture du traité de Brétigny, rédaction de Calais, suffisait pour rectifier une opinion si mal informée et puisée dans les historiens anglais. — La question n'est pas neuve. Elle a été traitée à fond au siècle dernier devant l'Académie des Inscriptions et Belles-Lettres. V. Examen des reproches d'injustice et de mauvaise foi que quelques historiens anglais font à la mémoire de Charles V, par l'Abbé Sallier ; et Mémoire dans lequel on prouve que Charles V était souverain de la Guyenne en 1369, par Secousse, dans les Mémoires de l'Académie des Inscriptions, 1751.

(2) Le 9 mai 1369, devant les Etats généraux, il se leva pour dire « de sa bouche à tous que sé il veoient que il eust fait chose que il ne deust, que il le deissent et il corrigeroit ce que il avoit fait, car il ny avoit faite chose que bien ne se peust adrecier, sé deffaut ou trop avoit fait... » (*Grandes Chroniques*, t. VI, pp. 273-274). Les Etats approuvèrent sa conduite à l'unanimité.

mil hommes en sa compaignie »[1]. C'était la guerre et les deux parties s'y préparaient.

Charles V ne la voulait pas de parti pris, ne l'avait pas préméditée de longue main, la redoutait. Les vaincus de Crécy et de Poitiers n'avaient pas repris la fierté, la confiance en eux-mêmes. Le jeune roi — on l'avait vu à Poitiers — n'était rien moins que batailleur, hésitait à mettre en jeu ce qui lui restait de son héritage. Il venait d'acquitter loyalement un des pactes de la rançon. Après l'assignation, il envoya comme les années précédentes à son oncle d'Angleterre cinquante pipes du meilleur vin de France (avril 1369). Le présent fut refusé[2]. Des ambassadeurs furent dépêchés en Angleterre pour plaider la cause de la paix[3]. Que le fouage fût retiré, la question de suzeraineté soumise à l'arbitrage, et le conflit était assoupi. Edouard III finit bien par reconnaître que le droit n'était pas de son côté, car il

---

(1) Froissart-Luce, t. VII, p. 96.

(2) *Ibidem*, t. VII, p. XLV, d'après Rymer, III, 864; Michelet, t. III, p. 456. — Certains veulent y voir une bravade qui n'est nullement dans le caractère de ce prince. — Avant le mois d'avril, on ne trouve aux mandements de Charles V, aucun acte concernant des préparatifs de guerre contre l'Angleterre. — Dans un sens contraire, on peut consulter : *La Politique de Charles V*, par Ch. Benoist, ch. IV (1886).

(3) Des protocoles furent échangés entre les cours de France et d'Angleterre. En en lisant le long résumé dans les *Grandes Chroniques* (t. VI, pp. 272-306), on discernera aisément auquel des deux rois incombe la responsabilité de la rupture. Charles V offrait de soumettre toutes les difficultés (l'appel n'était pas la seule) à l'arbitrage du pape et de l'église de Rome « à qui les parties se sont soubmises de tout l'accomplissement de la paix par foy et sairement ». Edouard prétendait être seul juge de son droit et son conseil concluait : « Que le roy de France vueille amiablement réparer et redrecier les dis actemptas et remettre les dis appelans arrière en la vraie obéissance du roy d'Angleterre et faire expressement les renonciations et délaissement des souverainetés et ressorts et en envoie ses lectres au roy d'Angleterre... adoncques pense bien le conseil que le roy d'Angleterre fera les renonciations à faire ». — On ne pouvait le prendre de plus haut.

voulut détruire ce qu'avait son fils[1] et offrit d'effectuer les renonciations qu'il avait esquivées, mais il était trop tard, le sang avait déjà coulé et la France s'était ressaisie. Du Guesclin se dessinait, les courages se relevaient.

De nombreux seigneurs limousins embrassèrent la cause française. Jean de Bourbon, comte de la Marche, lieutenant général du roi dans la province depuis 1367, après quelques hésitations se déclara franchement[2]. La vicomtesse de Limoges, Jeanne de Bretagne-Penthièvre, victime des Anglais, toute dévouée à Charles V, lui fit donation de sa vicomté pour fortifier son action en Limousin et en Périgord[3]. Louis de Saint-

---

(1) Les lettres par lesquelles il annula le fouage, délivrées le 5 novembre 1370, furent publiées à Bordeaux. Elles sont dans la *Chronique Bordelaise* de de Lurbe, p. 20 (Bordeaux, 1672).

(2) Jean de Bourbon était fils et successeur de Jacques I de Bourbon, comte de la Marche, blessé mortellement en 1362 à la bataille de Brignais livrée contre les Tard-Venus commandés par Seguin de Badefol. C'est Froissart (*ibidem*, pp. 209, 397, etc.) qui rapporte que le comte de la Marche ainsi que les sires de Mareuil et de Pierre-Buffière hésitèrent d'abord à se rallier. En tout cas, après avoir conféré avec Charles V et dès leur retour en Limousin, ils prirent parti contre le prince de Galles. Le comté de la Marche ne faisait pas partie des terres cédées. Il s'agissait alors de le donner à l'Anglais en remplacement d'autres terres.

(3) La vicomté de Limoges avait été attribuée, par le traité de Guérande (1365), à Jeanne de Bretagne, moyennant renonciation à ses droits sur le duché. Le prince de Galles qui devait ratifier le traité sur ce point, s'était, au contraire, emparé de la plupart des places de la vicomté. La donation était fictive et avait surtout pour but le recouvrement des villes et châteaux aux mains des Anglais. Le même jour, en effet (9 juillet 1369), était dressée une contre-lettre par laquelle Charles V s'obligeait à restituer à sa cousine la vicomté dès qu'il l'aurait reprise (Archives des Basses-Pyrénées, E. 637, et Froissart-Luce, t. VII, p. cxIII). — La découverte de cette pièce n'est pas récente quoiqu'en pense Siméon Luce. Son existence a été signalée par nombre d'historiens et même par Velly-Villaret (*Hist. de France*, t. X, p. 197 de l'éd. in-12). En outre, Siméon Luce paraît croire, avec beaucoup d'autres auteurs, que la vicomté de Limoges et le Limousin, c'est tout un. La vicomté n'embrassait qu'une très faible partie du Limousin et la cité de Limoges, distincte du château n'y était pas comprise. — La vicomté,

Julien, de la Haute-Marche, un des plus vaillants capitaines de l'époque [1], Louis de Malval [2], Raymond de Mareuil, de la vicomté de Limoges [3] vers le Périgord, le sire de Pierre-Buffière [4], le vicomte

---

reconquise, fut bientôt après restituée à la vicomtesse par acte de Charles V conservé aux mêmes archives des B.-P. (E. 632). L'erreur du savant éditeur de Froissart est du reste courante en dehors du Limousin. On lit dans toutes les Histoires de France classiques qu'Henri IV, dernier vicomte de Limoges, réunit le Limousin à la Couronne. Il réunit la vicomté qui ne s'étendait que sur quelques cantons du Limousin et du Périgord.

(1) Des barons de Saint-Julien, dans le comté de la Marche, qui prétendaient se rattacher aux anciens sires de Bourbon. Sur les nombreux exploits de Louis de Saint-Julien et de Troullart de Magnac, son compagnon, voir Froissart-Luce, t. VII, pp. XLVIII, LIII, LXXXVI du sommaire et les pages correspondantes du texte. La généalogie la plus complète de cette famille se trouve dans l'*Histoire de Berry*, de la Thaumassière.

(2) Malval, dans la Haute-Marche, diocèse de Limoges, vers le Berry (commune et canton de Bonnat, arrondissement de Guéret). Les ruines du château de Malval existent encore et embellissent un des sites les plus pittoresques de la Creuse. Louis de Malval, seigneur de Châtelus, puis de Malval par son mariage avec sa cousine, figure dans la guerre contre les Anglais dès 1352. Il fut fait prisonnier à Poitiers et mourut vers 1392. (Malval, par G. Martin, dans le *Bulletin de la Société des Sciences de la Creuse*, t. VI, pp. 282-307).

(3) Neveu de Louis de Malval. Des barons de Mareuil, fief de la vicomté de Limoges, châtellenie de Nontron. C'est donc à bon droit que Froissart (t. VII, pp. 209, 397) qualifie l'oncle et le neveu « moult grant baron de Limozin ». Raymond de Mareuil adhéra à l'appel le 29 juin 1369 (*Ibidem*, p. LXXXVIII). Quelques jours après (juillet), Charles V lui faisait don du château et de la châtellenie de Courtenay (*Mandements de Charles V*, publiés par M. Léopold Delisle, p. 277). Il lui fit ultérieurement d'autres libéralités, lui donna notamment les biens de son oncle Guillaume de Mareuil qui suivait les Anglais et fut fait prisonnier devant Soubise. Raymond de Mareuil revenant de Paris, fut lui-même capturé par les Anglais, et Edouard III manda qu'on lui gardât le prisonnier pour en tirer une cruelle vengeance, mais celui-ci réussit à suborner son gardien.

(4) Jean de Pierre-Buffière, fait prisonnier à Poitiers. Il refusa l'hommage au prince de Galles en 1369 (*Ibidem*, p. LXXXVIII), mais ne se décida que plus tard à prendre ouvertement le parti du roi de France. D'après Froissart, ms. d'Amiens, éd. Luce, VII, p. 358, Louis de Malval, le seigneur de Pierre-Buffière et Raymond de Mareuil avaient d'abord embrassé le parti anglais et servaient sous Jean Chandos et le captal du Buch au siège de Dome en Périgord (mai 1369). Cette assertion n'est pas inconciliable avec ce que nous disons plus haut, mais elle aurait besoin d'être vérifiée. Froissart n'est pas à l'abri de l'erreur.

de Rochechouart [1], le comte de Ventadour [2], le seigneur de Donzenac [3], le vicomte de Turenne [4] et son frère Roger de Beaufort, Ytier de Peyrusse, commandeur de Belle-Chassagne [5], Jean de Saint-

---

(1) Louis Ier, vicomte de Rochechouart, retenu en prison par le prince de Galles, comme suspect de trahison envers lui, recouvra sa liberté moyennant rançon et continua de servir fidèlement Charles V (Froissart-Luce, *ubi supra*). Le 1er décembre 1369, Charles V retenait le vicomte de Rochechouart à 120 hommes d'armes pour la garde de ses châteaux et forteresses (*Mand. de Charles V*, pp. 304, 332, 348). V. aussi p. 303 : Regnaut de Dony, chevalier, retenu à 60 hommes d'armes pour servir en la compagnie du vicomte de Rochechouart, dans sa vicomté, 29 décembre 1369.

(2) Bernard, comte de Ventadour (érection du comté sur sa tête en 1350) et non, comme l'ont écrit plusieurs auteurs, Ebles IX, son frère décédé antérieurement. Fait prisonnier à Poitiers, avec son fils, délivré par le traité de Brétigny. Compagnon de Du Guesclin dans les expéditions de Bretagne, 1373, de Poitou, etc. Froissart-Luce, t. VII et VIII, *passim*.

(3) Géraud de Ventadour, seigneur de Donzenac et de Boussac-Corrèze, et qui vendit ces deux terres en 1389 au duc de Berry. Il fit son adhésion pour sa ville de Donzenac, et en récompense, le roi confirma les franchises et privilèges de cette ville, 1372. (*Ordonnances des rois de France*, t. V, p. 472.

(4) Guillaume Roger III, premier comte de Beaufort, vicomte de Turenne par acquisition en 1350, frère du pape Grégoire XI. Il reconnut la supériorité du roi de France par acte du mois de janvier 1372 (v. s.), rapporté *in extenso* par Justel (pp. 111-112), mais il avait dû s'y ranger plus tôt, à tout le moins dès l'élévation de son frère au Pontificat, c'est-à-dire en 1370. — Il ne faut pas le confondre, comme paraît l'avoir fait Siméon Luce (t. VII, p. CIV), avec Regnaut de Pons, sire de Pons et de Bergerac qui se disait aussi vicomte de Turenne et fit son adhésion le 8 juin 1369. — Le frère de Guillaume Roger, rallié aussi à Charles V, se nommait exactement Roger Roger de Beaufort. L'identité chez celui-ci du prénom et du nom patronymique a créé quelque confusion entre les deux frères. Par acte daté à Toulouse en février 1369, le duc d'Anjou donna à Roger de Beaufort, chevalier, les lieux de Montfaucon et de Avaro, sénéchaussée du Quercy (Arch. nat., JJ, 100, n° 303. Froissart-Luce, t. VII, p. LVIII). Cet acte s'applique non à Guillaume Roger, mais à Roger Roger. Il implique à cette date l'adhésion de ce dernier. Nous retrouverons plus loin ce vaillant chevalier et fournirons de plus amples détails sur son compte.

(5) De la famille des Cars. Adhésion du 8 juin 1369 (Froissart-Luce, t. VII, p. LXXXIX). La veille, 7 juin, le roi l'avait retenu à 100 hommes d'armes pour le servir ès présentes guerres en la compagnie du duc de Berry. Il lui garantissait en même temps le maintien des 2,000 livres de revenu que lui rapportaient ses maisons et forteresses en Guyenne (*Mandem. de Charles V*, p. 272). Belle-Chassagne, commanderie de Saint-Jean de Jérusalem, aujourd'hui commune, canton de Sornac, arrondissement d'Ussel.

Chamans [1], Jean de Rochefort, seigneur de Châteauvert [2], Albert sire de la Courtine [3], Bertrand de Maumont [4], Louis de Roffignac [5], Hugues de la Roche [6], Aymar d'Aigrefeuille [7], le sire de Malemort [8] et beaucoup d'autres adhérèrent successivement à l'appel, reconnurent la suzeraineté du roi de France.

Il faut reconnaître que la plupart de ces adhésions furent encouragées, payées si l'on veut, par les libéralités du roi, mais les choses et les hommes doivent être appréciés dans leur temps et dans leur milieu. La situation des seigneurs féodaux était fort épineuse. Devenus vassaux du prince anglais, malgré leur résistance, sur les injonctions

---

(1) Adhésion du 27 mai 1369 (Froissart-Luce, t. VII, p. LXXXIX. Les ruines du château de Saint-Chamant existent encore aux environs d'Argentat, arrondissement de Tulle.

(2) Adhésion du 27 mai 1369 (Froissart-Luce, *ubi supra*). La famille de Rochefort, originaire d'Auvergne, fixée par mariage, vers 1300 à Saint-Angel, en Limousin (arrondissement d'Ussel), et à Châteauvert, paroisse de Saint-Martial-le-Vieux (Marche) sur l'extrême frontière du Limousin.

(3) Adhésion du 27 mai (Du Tillet, *Recueil des rois de France, Traités*, p. 295, édit. de 1607). La Courtine était de la châtellenie de Rochefort (arrondissement d'Ussel) dont nous aurons à reparler.

(4) L'adhésion de Bertrand de Maumont résulte de lettres de rémission de l'année 1374. dont il sera question plus loin.

(5) En 1369, Charles V fit donation de 200 livres à Gui de Roffignac, écuyer, ce qui implique son adhésion à cette date (Biblioth. Nat., *Armoires de Baluze*, t. XV, p. 15). Très ancienne famille fixée à Allassac (arrondissement de Brive).

(6) Hugues, seigneur de la Roche (aujourd'hui la Roche-Canillac, canton arrondissement de Tulle). Nous en reparlerons.

(7) Aymar d'Aigrefeuille, chevalier, de la seigneurie de la Roche (Canillac), du conseil de Charles V.

(8) Malemort était un château fort près Brive. Le sire de Malemort était de l'armée du duc de Berry en 1370. — Cette liste dressée pour la première fois est loin d'être complète. Ainsi pourraient y figurer : Bertrand de Chanac, chevalier (d'Allassac, arrondissement de Brive), qui garantit en 1370 vis-à-vis du roi la soumission de Nicolas de Beaufort, seigneur de Limeuil en Périgord (Froissart-Luce, t. VII, p. CV) ; Hélie de Noailles, écuyer (Noailles près Brive), cousin du vicomte de Turenne, à qui Charles V, en juillet 1370, rend ses biens d'Auvergne qui avaient été confisqués (*Historia Tutelensis*, app. col. 725-728). — L'adhésion de ces seigneurs est implicitement établie.

du feu roi, ils lui avaient juré fidélité, ne pouvaient l'abandonner sans trahison, sans félonie[1]. Le sentiment national était en opposition absolue avec le devoir féodal, en opposition avec l'intérêt personnel, la sécurité, la prudence. Il y allait de la confiscation du fief, de la ruine, sans parler des hasards de la guerre. On comprend les hésitations, les mesures de précaution de quelques-uns. Certains, jouant au scrupule, ménagèrent d'autre façon leur avenir, celui de leur famille, ne voulurent pas prendre parti, s'expatrièrent durant la querelle. Heureusement, ils furent peu nombreux[2].

La majorité des villes, ayant des privilèges, n'étaient pas atteintes par le fouage, elles n'en furent pas moins sollicitées par les agents de Charles V, et de ses frères de se ranger au parti national. Un très grand nombre suivit le courant.

Les hostilités s'étaient ouvertes dès les premiers mois de 1369. Sur l'ordre du prince de Galles, le comte de Cambridge, son frère puîné, le comte de Pembroke, son beau-frère[3], arrivèrent en Périgord avec 3,000 hommes et assiégèrent Bourdeille, défendu par les bâtards de Badefol (mai 1369)[4]. Jean Chandos, connétable d'Aquitaine, débarqua

(1) Parmi les hommages rendus au prince de Galles en 1363-64, figurent ceux des seigneurs de Rochechouart, de Malval, de Turenne, de Comborn, de Saint-Martial, de Roffignac, de Chanac, l'abbé d'Uzerche, etc., pièce CXCII (*Collection des documents français qui se trouvent en Angleterre*, par J. Delpit, Paris 1847). — On trouve dans le même recueil les comptes de l'administration, pour le prince de Galles, du Limousin et de la vicomté de Limoges, de l'année 1363 à l'année 1370, pièce CCXXIII.

(2) Le sire de Coucy, par exemple. Froissart-Luce, t. VIII, p. XCI.

(3) Edouard III, roi d'Angleterre, eut de Philippe de Hainaut sept fils et cinq filles, parmi lesquels il nous suffit de nommer : Edouard, prince de Galles, dit le Prince Noir, Jean de Gaunt, duc de Lancastre, Edmond, comte de Cambridge, Marie, 1re femme de Jean de Montfort, duc de Bretagne, Marguerite, qui fut mariée à Jean Hastings, comte de Pembroke.

(4) Froissart-Luce, t. VII, pp. LI, LIII, 118, 119.

à Bordeaux et s'avança avec une armée vers Toulouse [1]. Les Anglais eurent quelques succès en Périgord, en Quercy, en Toulousain. Les comtes de Comminges, de Périgord et de Lisle, aidés des compagnies détachées du parti anglais en tirèrent une prompte revanche [2]. Cependant, le duc de Berry, nommé dès les premiers mois de 1369 lieutenant-général pour le fait des guerres ès parties du Berry, d'Auvergne et tous pays d'entre Seine et Loire [3], se mettait en marche en intention d'attaquer l'Aquitaine par le Limousin, tandis que le duc d'Anjou y pénètrerait de son côté par le Quercy. De la troupe du duc de Berry, étaient Jean d'Armagnac, son beau-frère, Jean de Villemur et Roger de Beaufort. Des engagements eurent lieu sur les frontières du Limousin, de l'Auvergne et du Quercy [4]. L'action combinée des deux ducs rallia à la cause française Cahors, Figeac, Rocamadour et les forts du voisinage. La réaction contre l'étranger faisait d'énormes progrès. En Gascogne, en Agenois, en Rouergue, en Périgord, en Quercy plus de 900 bourgs, villes ou châteaux « se tournèrent français » dans le courant de cette année [5]. Le Limousin suivra bientôt cet exemple.

Au mois d'août, le duc de Lancastre, autre frère du prince de Galles, débarqua à Calais avec une armée fraîche et fit quelques incursions en Picardie et dans le Nord sans grand résultat. Le

---

(1) Froissart-Luce, t. VII, pp. LV, 123.
(2) *Ibidem.*
(3) Y compris le Mâconnais, le Lyonnais, etc., etc. Lettres du 8 février 1369 (n. s.). Au mois de décembre 1369, ses pouvoirs furent étendus au Poitou, à l'Angoumois et à la Saintonge (La Thaumassière, *Hist. de Berry*, p. 26).
(4) Froissart-Luce, t. VII, pp. LVIII, 125.
(5) *Ibidem*, pp. LVIII, 124 à 129. Froissart et la généralité des historiens après lui disent 60 villes, mais Siméon Luce signale un rôle conservé aux Archives nationales (JJ, 665) qui donne les noms de 921 localités de la Guyenne rangées à Charles V dès le mois de mars 1369.

prince de Galles était à Angoulême avec Jean Chandos, son meilleur capitaine. Il le délégua en Poitou comme sénéchal avec mission de soumettre cette province et les environs [1].

Les chefs des compagnies anglaises s'étaient déjà mis en campagne. Trois d'entre eux, les nommés Hortings, Bernard de Wisk et Bernard de la Salle, opèrent sur les marches du Limousin. Vers le mois d'août, ils emportent par escalade le château de Belleperche près Moulins et font prisonnière la duchesse de Bourbon, mère de la reine de France. Ils s'emparent aussi de Sainte-Sévère, puissante forteresse sur les confins du Berry et de la Marche et la remettent à Jean Déverenx, alors sénéchal du Limousin pour le prince de Galles [2].

Charles V agissait de son côté, menait de front la politique et l'action militaire. Le sire de Sully possédait alors les châteaux forts de Chalucet, Courbefy et Châlus [3] entre Limoges et Saint-Yrieix et dont le comte de la Marche avait pris la garde. Il consentit à ce qu'ils fussent mis sous la main du roi pour un espace de trois ans, durant lequel Charles V s'engageait à les entretenir et à les défendre, et comme garantie de la restitution qui devait en être faite au propriétaire, lui délivrait en gage d'autres seigneuries (22 octobre 1369) [4]. Quelques jours après, un capitaine du roi, Gui-

(1) Froissart-Luce, t. VII, pp. LXXIII, LXXV, 158 et s., 167 et s.

(2) Froissart-Luce, t. VII, pp. LXXI, 155 à 157. C'étaient, dit le chroniqueur, « trois escuiers de la terre dou prince, grant chapitainne de compagnes et hardi et apert homme d'armes durement, et grant aviseur et eskielleur de forterèces ». Nous retrouverons Bernard de la Salle.

(3) Châteaux de la vicomté de Limoges. Les ruines de Chalucet, sur la ligne du chemin de fer de Limoges à Uzerche, station de Solignac-le-Vigen, offrent encore un spectacle des plus imposants.

(4) Froissart-Luce, t. VII, p. CIV ; Arch. Nat. J. 400, n° 63. Cf. *Chalucet* par Louis Guibert, *Bulletin de la Société archéologique du Limousin*, t. XXXIII, pp. 188 et s.

chard de Culant s'établissait à Chalucet avec une garnison d'hommes d'armes et sut s'y maintenir « encontre les ennemis qui longuement y avoient tenu siège et avoient grant envie de le prendre » [1]. Le château et la vicomté de Rochechouart furent vers le même temps placés sous le commandement de Thibaut du Pont, vaillant chevalier breton [2].

Cependant, Jean Chandos se porta en Anjou, ravagea les marches du Poitou vers Loudun, revint par la vallée de la Creuse et fit une pointe sur Rochechouart. Thibaut du Pont, assisté d'un autre capitaine nommé Héliot de Talay, défendit le château et la ville, battit Chandos et le repoussa en Poitou [3].

---

(1) *Mandements de Charles V*, pp. 309, 349 : 6 juin 1370 « ...Comme dès la veille de Toussaint dernière, l'an MCCCLXIX, nostre amé et féal chevalier Guichart de Culant, se mist de nostre commandement en la ville et chastel de Chalucet en la duché de Guyenne et entreprist la garde, ayant gardé le dit chastel au nombre de XII hommes d'armes, scavoir luy chevalier, deux chevaliers et neuf escuiers... »

(2) Froissart-Luce, t. VII, pp. LXXVIII, CIV, 168. Thibaut du Pont, ami et compagnon de du Guesclin, comme lui très dévoué aux Bretagne-Penthièvre. Il fut sénéchal de la vicomté de Limoges, pour Jeanne de Bretagne ès années 1369, 1370. Arch. des Basses-Pyrénées, E. 1763. — D'après une pièce d'archives analysée dans l'*Histoire de la Maison de Rochechouart*, Regnaut de Dony, chevalier, cousin du vicomte, fut nommé en 1369 son lieutenant dans toute la vicomté de Rochechouart. L'auteur de la généalogie pense que Thibaut du Pont ne vint que plus tard, vers la fin de 1370. Il est certain par plusieurs mandements de Charles V que Regnaut de Dony servait en la compagnie du vicomte de Rochechouart, dans la vicomté de novembre 1369 à mai 1370, mais cela n'empêche que Thibaut du Pont ait pu être envoyé par le roi.

(3) Froissart-Luce, t. VII, pp. LXXVIII, 169, 376. — M. l'abbé Duléry (*Hist. de Rochechouart*, p. 137) donne sur le siège de Rochechouart par Chandos d'assez curieux détails qui mériteraient d'être rapportés si la source en était indiquée. Le siège aurait duré huit jours, quatre capitaines défendaient la ville : Montbrun à la porte du Pic, près le château ; Thibaut du Pont à la porte Marchedieu ; Hélion de Talay à la porte Béreau, et Châteauneuf à la porte Passard. Les assiégés auraient fait un véritable massacre des Anglais. — L'histoire si complète de la maison de Rochechouart (par le Général comte de Rochechouart) ne reproduit pas ces renseignements et en dénonce ainsi le peu de sûreté. Marvaud, dans son *Histoire des vicomtes de Limoges*, t. II, p. 3, s'approprie le récit de l'abbé Duléry sans l'avoir contrôlé.

Le comte de Pembroke, pour venger cet insuccès, vient à son tour dévaster la terre de Rochechouart. Le maréchal de Sancerre, Jean de Beuil, Louis de Saint-Julien, accourus du Poitou, tombent à l'improviste sur les Anglais au moment où ils posent leur camp au lieu de Puydenut, près Saint-Yrieix [1]. Dans un engagement sanglant, plus de cent Anglais sont mis à mort, le reste se réfugie dans une maison de Templiers où les Français les poursuivent. La nuit interrompt cette attaque. Le lendemain, l'assaut est renouvelé, mais l'approche de Chandos avec 200 lances, détermine les assaillants à retourner à la Roche-Posay avec leur butin et leurs prisonniers [2].

Vers la fin de l'année, les comtes de Cambridge et de Pembroke sont à Limoges, s'occupant de refaire leur armée. Ils rassemblent une troupe de 1,500 lances et de 3,000 soudoyers pour aller délivrer le château de Belleperche en Auvergne, assiégé par le duc Louis de Bourbon [3]. Le duc

---

(1) Froissart (VII, pp. LXXIX, 172) nomme ce lieu Puirenon et M. Kervyn de Lettenhove (*Œuvres de Froissart*, VII, 512) croit qu'il s'agit de Purnon en la baronnie de Mirebeau, entre Loudun et Poitiers. Mais Siméon Luce donne des raisons topiques pour placer ce lieu en Limousin au siège de la commanderie du Temple de Puydenou, qui pouvait se lire Puydenon. — Puydenou (*Podium nucis*) est devenu Puydenut. C'est un hameau de la commune de Lavignac, arrondissement de Saint-Yrieix. — Il n'a jamais existé de commanderie à Purnon qui est fort éloigné de Rochechouart, tandis que Puydenut en est voisin.

(2) Froissart-Luce, t. VII, pp. LXXVIII-LXXX, 170 à 180. — Le chroniqueur Pierre Robert, du Dorat, qui vivait au XVIIe siècle, rapporte qu'en cette année 1369, le prince de Galles vint avec une armée formidable assiéger le château du Dorat « lequel il ne put en aucune façon prendre, mais il ruina et détruisit la ville, non toutefois celle qui est du présent mais une autre qui étoit plus basse » (Citation dans l'*Histoire du Dorat*, par M. Aubergeois de la ville du Bost, p. 52). — Mais ce fait paraît controuvé, tout au moins à cette date. Le prince de Galles ne vint pas en Limousin en 1369. Quant à Jean Chandos et aux comtes de Cambridge et de Pembroke, on ne voit pas dans les historiens contemporains qu'ils se soient approchés du Dorat.

(3) Froissart-Luce, t. VII, pp. XCI, 213 à 216. — Louis II, dit le Bon, frère de la femme de Charles V, 1337-1410.

de Lancastre, resté dans les parages de Picardie, rentre à Calais vers la Saint-Martin d'hiver, puis retourne en Angleterre [1]. Quant à Chandos, dans une escarmouche au pont de Lussac (en Poitou) contre Louis de Saint-Julien et Jean de Kerlouet, le 1er janvier 1370, il est blessé mortellement et expire le lendemain à Mortemer [2]. C'est une perte immense pour les Anglais.

Cette première campagne a tourné à l'avantage des armes françaises.

---

(1) Froissart-Luce, t. VII, p. LXXXV.

(2) Les Anglais restèrent pourtant maîtres du champ de bataille et Saint-Julien et Kerlouet furent fait prisonniers (Froissart-Luce, t. VII, pp. LXXXVII, 203 et s.).

CHAPITRE II.

Campagne de 1370. — Soumission de Tulle. — Privilèges accordés à cette ville. — Reddition de la cité de Limoges au duc de Berry. — Du Guesclin en Limousin. — Prise et destruction de la cité par le prince de Galles. — Ravages dans les environs.

L'hiver avait ralenti la lutte, sans la faire cesser. Elle reprit au printemps avec plus de vigueur. Charles V manda ses trois frères, Anjou, Berry et Bourgogne à Paris, organisa avec eux la prochaine campagne. Deux corps d'armée envahiront l'Aquitaine, celui du duc d'Anjou marchera vers La Réole et Bergerac, celui du duc de Berry attaquera par le Limousin et le Quercy. L'objectif est la jonction des deux troupes devant Angoulême pour y assiéger le prince de Galles. Bertrand du Guesclin sera rappelé d'Espagne et nommé connétable (avril-mai 1370) [1].

Dans le même temps, le roi d'Angleterre met sur pied deux armées. Le duc de Lancastre sera envoyé en Guyenne. Robert Knolles doit entrer en France par Calais [2]. Il n'y a plus jour pour la

---

(1) Froissart-Luce, t. VII, pp. XCIII, XCIV, 221.
(2) *Ibidem*, pp. XCV, 223 à 225.

conciliation. La Cour des Pairs a prononcé la confiscation de la Guyenne (mai 1370). Les villes du Midi et du Centre se détachent successivement de l'Angleterre. Secondant les sages desseins de son frère, le duc d'Anjou poursuit le succès par le conseil autant que par les armes. Vers la fin d'avril, trois capitaines du roi en Limousin, Alain de Beaumont, Alain de la Fossaye et Himbaud du Pont [1] parcourent l'évêché de Tulle, non pour effrayer les seigneurs et les bourgeois par des démonstrations militaires, mais pour les attirer à eux comme enfants d'une même patrie. Le négociateur qui les accompagne est un homme du pays, de cette noblesse lettrée, prisée de Charles le Savant et de ses frères, gradué en droit, gradé en chevalerie, tour à tour chargé de missions politiques, commissaire aux finances, capitaine d'hommes d'armes, sénéchal. En cette circonstance, comme lieutenant du duc d'Anjou, Gui de Lasteyrie déployait ses qualités diplomatiques

---

(1) « ...*Dominis Alano de Beaumon, Alano de la Fosseya, militibus, et Himbaudo de Ponte, domicello, capitaneis pro Domino nostro Rege Franciæ in patria Lemovicensi.* » Ainsi sont donnés les noms dans un acte authentique inséré par Baluze dans son *Historia Tutelensis*, app. col. 728. Je suis porté à croire que pour les deux derniers il y a eu erreur du notaire ou du copiste. Alain de Beaumont est très connu, nommé à chaque page par les chroniqueurs du temps. Il était cousin de du Guesclin qui prisait beaucoup sa vaillance et lui fit donation de la seigneurie d'Anneville. Alain de Beaumont revenait alors d'Espagne où il avait tenu deux mois le siège de Soria. Alain de la Fossaye et Himbaud du Pont ne se rencontrent nulle part, mais Alain de la Houssaye, chevalier, est souvent mentionné. Il était aussi en Castille avec du Guesclin. En 1371, il gardait le château de Montpont en Périgord et fut l'un des Bretons auxquels le duc de Lancastre le reprit. — Himbaud du Pont me paraît être le même que Thibaut du Pont, capitaine de Rochechouart. Il rentrait aussi d'Espagne à la suite de du Guesclin. — L'acte qui constate le passage de ces trois capitaines en Bas-Limousin fut dressé six ans après, en 1376, hors de leur présence, ce qui peut expliquer cette variation qui du reste se présente assez fréquemment dans les actes anciens. (Cf. *Chronique de du Guesclin*, dans le *Panthéon littéraire*, t. II ; *Mémoires sur du Guesclin*, Collection Michaud, t. I ; Morice, *Histoire de Bretagne*, t. V, pp. 29, 45 et s., éd. de 1835 ; *Mandements de Charles V*, à la Table.

dans une région où ses antécédents de famille lui assuraient de la considération et de l'influence [1]. Ayant su gagner le concours du clergé et des notables habitants, la soumission de la capitale du Bas-Limousin fut ménagée par lui sans difficulté. Les vicaires capitulaires, le siège épiscopal vacant, et les prud'hommes de l'université de Tulle reconnurent la suzeraineté, le ressort et l'obédience du roi de France pour la cité de Tulle et tous les châteaux et forteresses membres de l'évêché [2]. Cette sujétion avait son importance : elle entraînait celle des vassaux de l'évêché, les seigneurs des châteaux de Monceaux, Saint-Chamans, Sédières, la Roche, Brassac, etc. Charles V s'empressa de témoigner aux habitants de Tulle sa satisfaction et sa gratitude. Dans ce mois de mai, par trois ordonnances successives, il exempta l'évêque et son clergé, les bourgeois et habitants de toutes impositions, tailles, gabelles, fouages, suite en armes et tous autres subsides ou servitudes, confirma les franchises de la ville et lui accorda les mêmes privilèges qu'aux villes de Cahors, Montauban et Figeac qui venaient aussi de reconnaître sa suze-

(1) Gui de Lasteyrie, seigneur du Saillant, en Bas-Limousin (par acquisition récente du vicomte de Comborn), docteur en droits, dévoué ami et serviteur du duc d'Anjou, son lieutenant et maître des requêtes, conseiller et commissaire du roi, sénéchal de Rouergue, capitaine d'hommes d'armes, etc., fut tué au service du roi dans un mouvement populaire à Montpellier, le 25 octobre 1379 (Cf. Froissart-Luce, t. VII, p. CIV ; Baluze, *Historia Tutelensis*, app. col. 727-730, et *Vitæ Paparum Aven.*, t. I, p. 1057.

(2) En 1370, il ne put être passé acte authentique de cette reconnaissance « faute de tabellion », mais les faits sont rappelés dans la nouvelle reconnaissance dressée en forme le 30 janvier 1376 (v. s.). Il y est dit, il est vrai, que la reconnaissance antérieure avait été consentie cinq ans auparavant (*a quinque annis citra*), ce qui en fixerait la date à 1371 ; mais ce ne doit être qu'une indication approximative. La date exacte, mai 1370, est donnée par plusieurs ordonnances de Charles V (Cf. Froissart-Luce, t. VII, p. CIV).

raineté [1]. A cette même occasion, Charles V anoblit les citoyens les plus marquants de la ville, en récompense du concours par eux donné à Gui de Lasteyrie. Ces citoyens se nommaient Jean et Raymond de Saint-Salvadour, Guillaume de la Beylie, Jean Besse, Guillaume de Boussac, Guillaume de Boussac le jeune, Durand de Lespicier [2]. Les autres villes du Bas-Limousin, si elles ne firent pas de reconnaissance expresse (nous n'en trouvons pas trace), se rallièrent en fait. La petite ville de Beaulieu dût se ranger des premières, car au commencement de 1370 elle reçoit par chartes royales de nombreux privilèges [3]. Le vicomte de Turenne et le seigneur de Malemort étaient

---

(1) J'ai dit ailleurs pourquoi ces extensions de franchises en faveur de Tulle n'eurent pas d'effet. V. *Recherches de l'Histoire municipale de Tulle*, ch. II, où je donne de plus amples renseignements sur les ordonnances royales et leurs conséquences.

(2) Archives Nat., JJ. 100, nos 719, 757, 758, 780, 781, 834. Ces lettres d'anoblissement, du mois de mai 1370, dressées sur un modèle uniforme, sont motivées pour services rendus, sans autres détails. — Ces familles ont laissé des traces dans les documents d'archives : une seule d'entre elles, toutefois, prit dans la suite le rang social découlant de la bienveillance royale. Nous avons un acte du 27 mars 1374 (v. s.) passé entre Jean et Raymond de Saint-Salvadour frères, d'une part ; et Martin de Lespicier, fondé de procuration de Durand de Lespicier son père, dans lequel aucun de ces contractants ne prend la qualité de noble. Ils continuent de se qualifier bourgeois de Tulle. Les Saint-Salvadour, les Lespicier exerçaient le négoce. Durand de Lespicier était marchand de drap en 1328 ; son fils Martin est qualifié dans l'acte de 1374 vénérable et discret homme... bourgeois de Tulle, ce qui indique une profession libérale. — La famille de la Beylie était connue dès le XIIIe siècle. Elle n'a pas grandi : au XVIIe siècle, le nom était porté par des bourgeois membres de l'Election. La branche de l'anobli de 1370 s'était peut-être éteinte rapidement. — Nous ne savons rien sur Jean Besse. Ce nom était très commun à Tulle. — La famille de Boussac est la seule qui ait suivi longtemps son chemin dans la noblesse. Elle existait encore au XVIIIe siècle, ayant conservé cette qualité. Les deux Guillaume de Boussac anoblis étaient le grand-père et le petit-fils.

(3) Siège d'une importante abbaye bénédictine (chef-lieu de canton, arrondissement de Brive). En février 1368, Beaulieu avait renouvelé son serment au prince de Galles, qui lui confirma cette année même et en 1369, le droit de souquet (entrée sur les vins), mais dès le mois d'avril 1370 (1369 v. s.), Charles V lui octroie une

seigneurs de Brive en partie et servaient le roi. De même du comte de Ventadour, seigneur d'Ussel, de Corrèze, d'Egletons, et de Géraud de Ventadour, seigneur de Donzenac (1). Nous savons qu'une ville du Haut-Limousin (ou mieux de la Basse-Marche), le Dorat, fit au même temps sa soumission au roi qui la gratifia des mêmes privilèges que la ville de Tulle (2).

Dès le mois de juin, le duc d'Anjou et du Guesclin opèrent avec succès en Guyenne et mettent le siège devant Bergerac (3).

Le duc de Berry a rassemblé 1,200 lances et 3,000 brigandiniers, une petite armée, ayant pour principaux capitaines le duc de Bourbon, le comte de la Marche, le maréchal de Sancerre, Gui de Blois, Jean d'Armagnac, Jean de Villemur et les seigneurs limousins rangés au parti français, Roger de Beaufort, le sire de Malemort, Hugues de la Roche, Louis de Malval, Raymond de Mareuil (4). Il quitte Bourges, traverse la Marche, dont il occupe divers châteaux de gré ou de force, et pénètre en Limousin. Limoges est tenu par les Anglais. Une forte garnison, commandée par Jean Chandos (un homonyme du défunt connétable d'Aquitaine), était établie dans la ville ou châ-

---

série de privilèges par six ordonnances successives, ce qui indique qu'elle avait fait nettement son adhésion. (Inventaire des titres de la maison de ville de Beaulieu. Pièce de mes archives). Il dut en être de même pour la plupart des autres villes qui n'ont pas aussi bien conservé leurs titres.

(1) V. les notes du Ier chapitre sur ces deux seigneurs.

(2) *Ordonnances des Rois de France*, t. V, p. 301.

(3) Froissart-Luce, t. VII, pp. CI, 228.

(4) Froissart-Luce, t. VII, pp. CIII et s., 226 à 229; *Annales de Limoges* (dites manuscrit de 1638), p. 268, et le procès-verbal de reddition de la cité de Limoges, dans l'Almanach limousin de 1869. — Le 13 juillet 1370, Charles V mande au maréchal de Sancerre de retenir des gens d'armes en vue du recouvrement de la cité de Limoges (*Mandem. de Charles V*, p. 355).

teau. La cité, avec ses fortifications particulières, se gardait toute seule. C'était un grand coup que de prendre Limoges, frontière d'Aquitaine, porte de l'Anglais sur la France suivant l'expression de Michelet [1]. — En ce moment même, Charles le Mauvais, roi de Navarre, recevait au château de Clarendon l'hospitalité d'Edouard III et les deux rois organisaient le morcellement de la France. Un traité fut arrêté, en vertu duquel Edouard promettait à Charles la Champagne et le Limousin. Mais le prince de Galles s'opposa formellement à la cession du Limousin, frontière de Guyenne, et le traité fut rompu [2].

Le duc de Berry envoya devant lui son maréchal avec une grosse troupe. Cette avant-garde arriva devant la cité le vendredi 16 août, et s'étant logée aux Cordeliers, « commença escarmoucher ceux de la ville qui sortant hors des barrières se deffendirent si virilement qu'entre autres occirent un chevalier qui fut ensepvely dans iceluy couvent des Cordeliers autrement appelés Frères mineurs » [3].

Le lundi suivant, 20 mai, le duc se présenta lui-même avec toute son armée et somma les habitants de la cité de se mettre entre les mains du roi. Les bourgeois hésitaient, redoutaient la colère du prince anglais, mais l'évêque, son chancelier, son familier, son compère, qui revenait au moment même d'Angoulême, leur assura que le prince avait succombé à la maladie et qu'il était

---

(1) *Hist. de France*, t. III, p. 460; Secousse, *Hist. de Charles le Mauvais*, p. 131, et Rymer, t. VI, p. 677.

(2) Ce qui décida le Navarrais à traiter avec Charles V. Froissart-Luce, t. VII, pp. LXI, LXII.

(3) Nous empruntons ces détails ignorés de Froissart et des *Annales de Limoges*, à la Chronique manuscrite de Jean de Lavaud. Cette chronique qui est aussi intitulée « Annales de Limoges » existe en plusieurs copies dont deux, une du XVIIe siècle, la plus ancienne connue, et l'autre moderne, font partie de ma bibliothèque.

même enterré [(1)]. Après quelques jours de pourparlers, le 24 août, jour de Saint-Barthélemy, la ville fut livrée au duc sans coup férir, par l'évêque et les bourgeois, malgré la garnison anglaise [(2)]. Le duc se retira ensuite ne laissant que quelques centaines d'hommes dans la cité et sans essayer de déloger les Anglais du château [(3)].

D'après Froissart et les *Annales* (de 1638) précitées, du Guesclin serait arrivé au siège et aurait ménagé par ses soins la reddition des bourgeois. En tout cas, il ne put être devant Limoges que le 22 ou 23 août au plus tôt, car il se trouvait encore en Périgord le 21 [(4)]. Il s'éloigna de son côté aussitôt après le traité, allant guerroyer aux environs pour recouvrer les terres de la vicomtesse Jeanne de Bretagne, occupées par les Anglais [(5)].

---

(1) L'évêque Jean de Cros était parrain d'un des enfants du prince de Galles. Il revenait en effet d'Angoulême. Trompa-t-il sciemment les bourgeois ou avait-il vu le prince si malade de son hydropisie qu'il le tenait pour mort, c'est ce qu'on ne saurait éclaircir.

(2) Et non le 21, comme le dit le Froissart-Luce, p. cxi. Le procès-verbal de reddition atteste cette date donnée aussi par Jean de Lavaud dont le récit paraît plus exact que celui des *Annales*. V. aussi l'article de M. Louis Guibert : Quelques erreurs du Froissart de M. Siméon Luce, dans le *Bulletin de la Société archéol. du Limousin*, t. xxx, p. 22. — Les *Annales* suivent le texte de Froissart et n'y ajoutent presque rien. D'après leur rédacteur, le duc de Berry et sa troupe entrèrent dans la cité, « pendant lequel séjour les François assaillirent la ville de Limoges, de laquelle sortit messire Jean Chandos et les Anglais escarmouchans » entre la ville et la cité. Le faubourg de Saint-Martin situé sur cet emplacement fut détruit par l'incendie (p. 270). — Selon Jean de Lavaud, l'attaque du château aurait eu lieu le 16 août avant l'arrivée du duc de Berry. Quant à messire Jean Chandos, qui tenait le château, ce n'était pas le connétable du prince d'Aquitaine, comme le disent les *Annales* (même page), puisque celui-ci était mort au mois de janvier précédent.

(3) Froissart-Luce, t. VII, pp. cııı, cx[illegible], 241, 242. Il partit de Limoges le 24 au matin et arriva le même jour à Eymoutiers d'où il se fit conduire à Masléon. Compte du duc de Berry, Archives Nationales, KK 251 ; Froissart-Luce, *ibidem*.

(4) Articles du compte du duc de Berry, Froissart-Luce, *ibidem*.

(5) Du Guesclin avait des motifs particuliers de dévouement envers la veuve de Charles de Blois qu'il tenait pour légitime duchesse de Bretagne, étant de ceux qui restent fidèles au droit vaincu et dépouillé par la force. C'est au mariage de Jeanne de Bretagne,

C'est dans cette circonstance qu'il s'empara de la petite ville de Saint-Yrieix [1]. Sa campagne fut très courte. Il laissa la garde de ses conquêtes en Limousin à Olivier de Mauny, son cousin [2]. Dès le 30 août il avait passé en Quercy [3].

Le duc de Berry et le « dixième preux » furent vraiment bien mal inspirés en abandonnant la cité de Limoges sans autre protection qu'une chétive garnison de 100 hommes d'armes, comman-

---

dans un brillant tournois, qu'il avait donné les premières preuves de son généreux courage. Il fut fait prisonnier à la bataille d'Auray aux côtés de Charles de Blois. Olivier du Guesclin, chevalier et conseiller de Monseigneur et de Madame les représentait dans la vicomté de Limoges où il séjourna ès années 1345 et suiv. (Arch. des Basses-Pyrénées, E. 624. Comptes des receveurs). Olivier était l'oncle de Bertrand. L'administration de la vicomté, à cette époque, est intimement liée à l'histoire de la querelle des Montfort et des Penthièvre.

(1) *Chronique de Cuvelier* (dans la *Collection des Documents inédits*) t. II, vers 17223 à 17327, et Froissart-Luce, t. VII, pp. CX, CXIII. Froissart (p. 242) rapporte qu'après la reddition de Limoges, Bertrand demeura au pays de Limousin avec 200 lances et « se bouta » es châteaux du seigneur de Malval qui s'était tourné français. Plus loin (pp. 248, 249), il énonce que durant le siège du prince de Galles, du Guesclin était encore aux environs de Limoges avec ses 200 lances, bataillant et faisant des prises chaque jour, mais se retirant les nuits, par crainte de surprises, dans les forteresses des seigneurs Louis de Malval et Raymond de Mareuil ralliés aux Français. Ce serait, à cette époque, c'est-à-dire au mois de septembre, qu'aurait eu lieu la reddition de Saint-Yrieix, sans combat. Mais une note qui va suivre, établit que du Guesclin avait quitté le Limousin avant la fin du mois d'août.

(2) Froissart-Luce, t. VII, p. CXVI. — Cette campagne de Du Guesclin est mal connue. Il paraît avoir opéré dans la partie orientale de la vicomté, de Saint-Yrieix vers Nontron et aussi dans la Marche, s'il faut en croire Froissart. Mais ces présomptions demanderaient à être éclaircies par des documents positifs permettant de fixer son itinéraire. Dans un acte daté à Poitiers, le 9 août 1372, du Guesclin fait mention de cette campagne et rapporte qu'il avait, dans cette circonstance, rallié au parti français les trois frères Jean, Aimeri et Rouffaut de Bonneval « du pays de Limosin, en la vicomté de Limoges, pour lors que nous venismes d'Espaingne ». Arch. Nat., JJ. 109, n° 64. Acte cité par Siméon Luce, p. CXIII.

(3) Quittance délivrée par lui à Montauban le 30 août 1370. Froissart-Luce, *ibidem*, p. CXIII. Du Guesclin ne séjourna donc qu'une huitaine de jours dans les environs de Limoges.

dés, il est vrai, par trois valeureux capitaines, Jean de Villemur, Hugues de la Roche et Roger de Beaufort.

On connaît la terrible vengeance que le prince de Galles tira de cette soumission qu'il considéra comme une impardonnable félonie de la part de ses sujets de la cité et surtout de leur évêque, son serviteur et son ami. Hydropique au point de ne pouvoir se déplacer qu'en litière, mais surexcité par la fureur, il partit de Cognac avec ses frères Lancastre et Cambridge et son beau-frère Pembroke « jurant sur l'âme de son père que chièrement comparer il feroit cil outrage à tous ceulx de la cité, ne jamais n'entenderoit à aultre cose, si raroit la ditte cité et s'en aroit fait se volonte et pris vengeance dou fourfet » (1).

Ce serment fut tenu : c'est lui, ce prince paralytique, guetté par la mort, qui perpétra le forfait, le crime des plus abominables même en ces temps cruels, et non ces malheureux bourgeois de Limoges qui, entraînés, trompés peut-être par leur évêque, en tout cas sans violence, sans voie de de fait, n'avaient fait que suivre l'exemple de presque toutes les villes du Midi. La prétendue félonie d'un homme qui demeura sain et sauf fut payée de milliers de vies (2).

Froissart parle de ces atrocités avec si grande pitié qu'il en devient éloquent. Les *Annales* (3) (de 1638) sont plus explicites, donnent des détails navrants. Le récit de Jean de Lavaud est moins

---

(1) Froissart-Luce, t. VII, p. 251.
(2) L'évêque Jean de Cros fut mis à rançon. Le 4 février suivant, Charles V donna mille francs (et non cent francs, comme le dit Siméon Luce, *ibid.*, p. CXV) pour sa délivrance. Jean de Cros était cousin de Grégoire XI qui le fit cardinal au mois de juin 1371. *Gallia Chrit.*, t. II, col. 533; Baluze, *Pap. Aven.*, t. I, p. 427.
(3) Pages 270-275.

complet que celui des *Annales*, il n'a pas la valeur d'un témoignage contemporain tel que celui du chroniqueur de Valenciennes, mais il contient quelques faits non connus. Il est inédit et tout complément d'informations sur cet épisode marquant de la guerre de Cent ans mérite d'être mis au jour.

« ...De ce [la reddition au duc de Berry] estant adverty le Prince de Galles, estant en la ville de Coignac près Angoulesme, envoya en diligence dans la ville [c'est-à-dire le château] le seigneur Eustache, séneschal de Lymosin (1) avec soixante lances, qui arriva dans la ville le vendredy vingt-neufviesme jour du mois d'aoûst (2), lequel prince de Galles ayant après dressé son camp arriva avec icelluy devant la dite cité le lundy ensuyvant second jour de septembre, lequel assés connoissant la forteresse d'icelle cyté pour y avoir plusieurs foys séjourné et qui par assault estoit imprenable, scachant estre dedans messire Jehan de Villemur, messire Hugues de la Roche et Roger de Beaufort capitaynes Francoys avec cent hommes d'armes fit avoir les mineurs qui commencèrent à fossoyer du costé du Naveix de la dicte cyté. Et à ce faire demeurèrent un moys (selon Froissart) pendant lequel fut logé le prince au prioré de Sainct Géral et le duc de Lanclastre et compte de Cantebruge ses frères aux Jacobins ; aussi logeaient le compte de Panebrok et ses gens au Puy-Lavaud de dela la rivière et le captal de Beuf [*sic* pour Buch],

---

(1) Il s'agit d'Eustache d'Auberchicourt, sénéchal anglais du Limousin. Le prince de Galles lui fit don de la seigneurie de Ségur, en Bas-Limousin (canton de Lubersac, arrondissement de Brive), dépendant de la vicomté de Limoges et son véritable chef-lieu. Son envoi à Limoges avec une avant-garde n'est mentionné ni par Froissart, ni par les *Annales*.

(2) Il faut lire le jeudi 29 août, puisque le lundi suivant est le 2 septembre. En 1370, le 29 août tomba en effet un jeudi.

duquel sont venus les seigneurs de Candale, estoit lors connétable du prince, le seigneur de Butur et leurs gens aux Frères mineurs. Aussi, entre gentilshommes estoyent en la compagnie du prince les seigneurs de Chabaneys, de Tournes et du Pont et estoit lors l'armée estimée jusqu'à 30,000 hommes, tous esleus au faict de la guerre, pendant lequel siège, cognoissant l'évesque et les citoyens qu'on les minoient, firent faire des contremines, mais peu leur proffitèrent [(1)], car rapporté au prince par les pionniers et mineurs leur ouvrage estre parfaict et les murs de ce costé du naveix estre soutenus seulement de pilotis de bois, prests à tomber, le jeudy dix-neufviesme septembre [(2)] an susdit mil trois cents septante-dix [*sic*], sur le

---

(1) D'après Froissart (t. VII, p. 249), les mineurs de la cité « qui minoient à l'encontre des mineurs anglois pour les rencontrer et les occire, faillirent à leur mine », c'est-à-dire ne les rencontrèrent pas. *La Chronique des quatre premiers Valois* (p. 209) donne au contraire un récit très remarquable de cette rencontre. « Le duc de Lencastre fist miner la ville et estoit avec les mineurs... Mgr Jehan de Vinemeur [Villemur] fit faire contremine. Dont il advint que les mineurs se entre encontrèrent et coururent sus les ungz aux autres. Lors échey que le duc de Lencastre et Mgr Jehan de Vinemeur se combattirent l'un contre l'autre très vassaument. Dont dit le duc de Lancastre : « Qui es-tu que si fort te combas à moi ! Es-tu comte ou tu es baron? » — « Nennin, dist Vinemeur, mais je suis ung povre chevalier ». — « Je te prie que tu me diez ton nom puisque tu es chevalier, car tel porras estre que j'auroy honeur de m'estre essayé à toi ou tel que non ». Donc, dit Vinemeur : « Saches, angloiz, que oncques en armes ne regniay mon nom. J'ay nom Jehan de Vinemeur ». « Adonc dit le duc de Lancastre : Monseigneur Jehan de Vinemeur, j'ay bien grant joye que je me soy esprouvé contre si bon chevalier comme vous estes. Si sachiez que je suis le duc de Lencastre ». Et atant remaint la dicte bataille d'eulx deux. Si les autres se mistrent avant et dura l'estour jusques à la nuyt. Et fut là blessé le duc de Lencastre d'une des estaies qui froissa ». Mais cette scène d'une touche à la fois si naïve et si colorée, fait peut-être double emploi avec le combat du duc et de Villemur dans la cité même, après l'entrée de l'armée anglaise.

(2) Le siège ne dura donc pas un mois, comme le dit Froissart, mais bien trois semaines, d'après Lavaud : du 29 août au 19 septembre. Le manuscrit de Froissart, conservé à Amiens, assigne au siège cette durée de trois semaines (*ibid.*, p. 426). Siméon Luce énonce qu'il dura seulement six jours, le prince de Galles l'ayant posé le 14 septembre et les murailles étant tombées le 19 (p. CXIII).

midy, estans les Anglois en armes rangés par bataille par devant les murs et le prince dans sa litière entre ses capitaines, fut mis le feu dans la mine, lequel opéra tellement qu'en demy heure tomba grand quantité de murs de la dicte cyté dans les fossés, qui furent tellement remplis qu'on pouvoit par là entrer dans la cyté à pied ; et fut ce faict si cautement que les citoyens surprins ne prenoyent garde, et en entrant par mesme moyen en autres endroicts dans la cyté le captal de Buch, s'y gettèrent en flottes les ennemis faisancts grand bruit, tuans les citoyens, hommes, femmes et petits enfans sans rien espargner. Et lors fut faict si grand meurtre de peuple que le sang couloit devant l'églize Saint-Étienne, dessendant le long d'icelle église comme un ruisseau d'eau, à ce présent et voyant ce tyran le prince de Galles devant lequel se mettans à genoux ceux qu'on vouloit occire crians miséricorde, n'en avoit aucune pitié, tant avoit le cœur affectionné à vengeance, et tellement exploitèrent ces gens inhumains leur furie qu'il ne demeura dans la cyté personne vivant des habitans, fussent hommes, femmes ou petits enfants [1], excepté les religieuses de la Règle qui furent préservées ; estans la pluspart d'entre eux sans cause homicidés et portant la peyne du crime qu'ils n'avoyent perpétré, et constituèrent prisonnier l'évesque dans son palays et présenté au prince au lieu de salut luy dit qu'il luy feroit trancher la

---

Siméon Luce n'indique pas où il a pris cette date du 14 septembre. S'il y a un document positif, il faut s'incliner, mais jusqu'à ce qu'il soit communiqué, il est permis de douter qu'une mine qui fit tomber cent coudées de muraille ait pu être fouillée dans un si court intervalle. Lavaud donne ici des renseignements précis qu'il n'a empruntés ni à Froissart, ni aux *Annales*.

(1) D'après Froissart (p. 250), plus de 3,000 personnes furent massacrées en ce seul jour. Les *Annales* portent à 18,000 le chiffre des victimes de la barbarie du prince de Galles. Froissart doit être plus près de la vérité.

teste. Après, non content, ce tiran, de si cruelle occision, le lendemain fit mettre le feu par toute la cyté qui brula les aultres maisons, tours, palays et belles esglizes de Sainct-Estienne et aultres; et dresser les instrumens faicts exprès pour abattre par terre le grand clocher de ladicte esglize de Sainct-Estienne; fut toutesfoys préservé, demeurant en son entier, comme on le voit à présent, à la requeste des gentilshommes du pays qui pour ce empescher, retournèrent au prince de Galles et en signe de ce firent mettre iceux seigneurs leurs armes sur la sommité du dict clocher (1), laquelle sommité ruynée après de la tempeste, furent icelles armes remises en une colonne de boys devant le grand autel d'icelle esglize de Sainct-Estienne. Et après ostées d'illec fut mis le candélabre de bronze qu'on y voit présentement ».

Les trois capitaines gardiens de la cité, Villemur, La Roche et Beaufort se conduisirent en héros. Appuyés contre un mur, entourés d'une centaine d'hommes, ils luttaient contre l'irrésistible flot de l'armée anglaise, combattaient pour mourir avec gloire. A la fin, restés seuls, leurs soldats morts ou dispersés, ils se trouvèrent en face des frères du prince de Galles qui fondirent sur eux. Un terrible corps à corps s'engagea, Villemur contre Lancastre, La Roche contre Cambridge, Beaufort contre Pembroke (2). Le prince, dans son chariot, était témoin de ce com-

(1) Lavaud est seul à donner cet intéressant détail. Nombre de seigneurs limousins servaient dans l'armée du prince de Galles. Il était à propos de noter à leur décharge cet élan de religion et de patriotisme qui sauva de la destruction la cathédrale de Limoges.

(2) Jean de Villemur, chevalier, fils aîné d'Arnaud, vicomte de Villemur, défit en 1366 la compagnie d'un routier nommé Fierderrière, qui fut tué dans l'action. Le roi lui donna en récompense 400 livres de rente sur la sénéchaussée de Toulouse (*Hist. de Languedoc*, IV, p. 352). Jean de Villemur commandait, en décembre 1368, cinquante hommes d'armes sous le duc d'Anjou qui le

bat de preux. Les Français, épuisés par un trop long effort, durent se rendre. La vaillance surhumaine dont ils avaient fait preuve leur mérita la vie sauve. Peut-être aussi l'espoir de leur rançon [1].

Cette extermination de Limoges, acte de colère et de vengeance féroce, rendit le nom anglais exécrable en France. L'indignation fut universelle [2]. Le prince Noir est représenté par ses compatriotes comme un des plus nobles types de la chevalerie. Ce fut là le dernier exploit de ce

---

nomma capitaine de la Guépie en Rouergue. Il n'était pas étranger au Limonsin, ayant épousé Isabeau de Rochechouart, fille du vicomte Louis, veuve de Guillaume Albert, petit-neveu d'Innocent VI (*Hist. de la Maison de Rochechouart*, t. I, p. 148). — Hugues de la Roche, fils de Géraud, seigneur de la baronnie de la Roche. Par sa femme Dauphine Roger, il était neveu du pape Clément VI et beau-frère de Grégoire XI. Il fut maréchal de la Cour romaine et gouverneur du Comtat-Venaissin. — Roger de Beaufort, frère de Grégoire XI, troisième fils de Guillaume II Roger, comte de Beaufort, et de sa première femme Marie de Chambon.

(1) Tous les trois furent, en effet, mis à rançon, ce qui entache quelque peu la grandeur d'âme du vainqueur. La scène a une allure chevaleresque dans Froissart. Michel de Montaigne (*Essais*, l. Ier, ch. 1er), y voit pour sa part un élan de magnanimité et d'après lui le prince aurait commencé « par ces trois à faire miséricorde à tous les autres habitans de la ville. » Mais la vérité est que « fu toute la cité de Limoges courue, pillée et robée sans déport et toute arse et mise à destruction. » — Les bourgeois, le peuple, les vilains ne ressentirent guère l'influence des principes de la chevalerie. La pitié, l'humanité ne descendaient pas jusqu'à eux. — Ajoutons, comme dernier trait au tableau, que les malheureux bourgeois de la cité avaient, durant le siège, confié en dépôt à leurs concitoyens du château leur numéraire et leurs objets les plus précieux. Le généreux prince Noir força ses sujets du château à lui remettre ces dépôts qu'il confisqua à son profit. — Lettres de Charles V déchargeant les consuls et habitants du château des dépôts pris entre leurs mains par le prince de Galles, lorsqu'il fit détruire la cité de Limoges (*Annales*, p. 279).

(2) « ... Il n'est si durs coers, si il fut adonc à Limoges et il li souvenist de Dieu qui ne plorast tenrement dou grant meschief qui y estoit, car plus de trois mil personnes, hommes, femmes et enfans y furent devicet et décolet celle journée. Diex en ait les ames car ils furent bien martir! » (Froissart-Luce, t. VII, p. 250). — Il s'est rencontré en Limousin des écrivains pour justifier le Prince Noir et soutenir que les Limogeaux n'eurent que le sort qu'ils avaient mérité!...

capitaine qui « avait de notables parties de grandeur », comme a dit l'auteur des *Essais* [1]. Sa mémoire en restera à jamais ternie.

La ruine de la cité consommée, les Anglais se répandirent dans les environs pour grossir leur butin. Ils ravagèrent par le feu les seigneuries de Malval et de Mareuil et abattirent les châteaux de Rancon et de Champagnac [2]. Eustache d'Auberchicourt mit le siège devant Rochechouart. Etienne, bâtard de Rochechouart, s'était engagé à lui livrer le château par trahison ; mais le vicomte avait demandé secours à du Guesclin qui venait de remporter la victoire de Pontvallain et poursuivait les Anglais sur la rive gauche de la Loire. Le connétable envoya en hâte Thibaut du Pont qui déjoua la trahison du bâtard et de Perrot Aubert dit le Seigneur, son complice, les rendit prisonniers et leur fit faire leur procès (14 décembre 1370). Eustache, qui était venu au siège avec messire Gautier Huet et 400 combattants, fut obligé de lever le camp [3]. C'est probablement en se retirant que lui arriva la « moult dure aventure », racontée par Froissart. Il prit asile au château du sire de Pierre-Buffière [4] « qu'il tenoit pour ami et pour compagnon et pour bon Englès » ; mais celui-ci appela Thibaut du Pont et « sa route » qui firent prisonnier monseigneur Eustache et le rançonnèrent depuis à douze mille francs [5].

Au même temps, le vicomte de Rochechouart chassait du prieuré du Châtenet, près Limoges,

---

(1) *Essais*, l. Ier, chap. 1er.
(2) *Annales de Limoges*, p. 274 ; Froissart-Luce, t. VIII, p. 428.
(3) Archives de la maison de Rochechouart, dans le Trésor de Villevieille. Bibliothèque Nationale, Mss. Cf. *Histoire de la Maison de Rochechouart*, t. II, p. 313.
(4) Chef-lieu de canton, arrondissement de Limoges.
(5) Froissart-Luce, t. VIII, p. 6.

deux partisans anglais, Ysart de Roquefort, chevalier, et le sire de Cubzac qui s'en étaient emparés [1]. Il regagnait aussi contre d'autres routiers les petits forts du Pont Saint-Junien, de Saint-Brice et de Puy-de-Melet [2].

Quant au prince de Galles, il se retira avec ses frères à Cognac, près de la princesse, cette belle et étrange Jeanne de Kent, plus âgée que lui, dont il n'était que le troisième mari, mais qu'il aima éperdument jusqu'à sa mort [3].

Le prince ne devait plus remettre le pied en Limousin. Il se traîna de Cognac à Angoulême, puis à Bordeaux où il perdit son fils aîné. Au mois de janvier suivant, sa maladie s'aggravant, il retourna en Angleterre [4] (janvier 1371).

---

(1) *Hist. de la Maison de Rochechouart*, t. II, p. 313. Comme ces deux routiers avaient été excommuniés à raison de leurs nombreux méfaits, le vicomte prit vis-à-vis d'eux l'engagement de faire lever l'excommunication par le Pape. Il lui en coûta 1,000 florins d'or.

(2) *Ibidem* et *Nobiliaire de Nadaud*, t. IV, p. 48. Les nommés Pierre Amanion, Perrot Rebien et Niquebet Dosseran tenaient ces forts situés aux environs de Limoges. Le vicomte dut leur payer 1,100 livres pour les déloger.

(3) Fille du comte de Kent, oncle d'Edouard III. Après avoir cohabité, sous promesse de mariage, avec sir Thomas Holland, majordome du comte de Salisbury, elle épousa ce dernier. Holland fit casser ce mariage et la reprit. Veuve avec cinq enfants, elle convola en 1361 avec le prince son cousin, élevé avec elle et qui avait toujours été sous son charme. C'était, dit Froissart qui l'avait connue, « la plus belle dame d'Angleterre et la plus amoureuse » ; et la plus riche, aurait-il pu ajouter. (*Jeanne de Kent*, par le colonel Babinet, dans le *Bulletin de la Société des Antiquaires de l'Ouest*, 1894, pp. 439-486).

(4) Froissart-Luce, t. VIII, pp. x, 9, 10. Le prince ne revint pas en France et mourut en 1376.

CHAPITRE III.

Campagne de 1371-1372. — Siège d'Ussel par du Guesclin. — Le maréchal de Sancerre en Limousin. — Prise d'Aixe et de Solignac. — Soumission du château de Limoges, 1371 — Actions de du Guesclin et du maréchal de Sancerre, 1372. — L'évêque de Limoges réformateur général et souverain dans son diocèse, celui de Tulle et la vicomté de Limoges. — Trahison du vicomte de Comborn. — Le château de Rochefort aux Anglais. — Le capitaine Chamoin de Badefol et le comte de la Marche. — Châteaux de la vicomté repris ou rachetés : Château-Chervix, Ségur, Ayen, Castel-Novel.

Le duc de Lancastre et le comte de Cambridge restaient en Aquitaine. Lancastre était institué lieutenant dans la principauté et chargé du gouvernement pendant l'absence du prince [1].

Les Anglais faisaient alors campagne en Périgord et assiégeaient le château de Montpont que le seigneur Guillaume de Montpont avait livré à un parti de chevaliers bretons, amis de du Guesclin. Ce siège dura près de trois mois quoique le duc de Lancastre s'y fût transporté en personne [2].

---

(1) Froissart-Luce, t. VIII, pp. x, 9, 10. Lancastre ne garda pas longtemps cette charge et se démit le 21 juillet de la même année.
(2) *Ibidem*, pp. XII, XIII, 15 à 17.

Le connétable, après sa victoire de Pontvallain (près La Flèche), rentre à Paris (janvier 1371) et reconstitue sa troupe afin de chasser les compagnies anglaises qui ravagent toujours le Poitou, le Limousin, l'Auvergne, le Périgord, le Quercy et pays voisins. Il fait diligence dans l'intention de porter secours, en temps utile, à la garnison de Montpont. Les ducs de Berry, de Bourgogne, de Bourbon se joignent à lui, et l'armée, évaluée à 12,000 hommes, se met en marche. Elle est informée que « les gens de monseigneur Jehan d'Evrues qui se tenoient au pays de Limosin [1] » avaient pris le château et ville d'Ussel, d'où ils faisaient beaucoup de mal. Il est décidé qu'on essaiera, au passage, de remettre cette ville en liberté. Le siège est posé; mais la résistance paraît devoir être sérieuse. Plusieurs assauts furent donnés « fortement et durement ». Les Français entraient dans l'eau des fossés pour arriver jusqu'aux murailles, puis les ayant comblés avec des fascines, ils escaladaient les murs en protégeant leur tête de la targe. Les assiégés se défendaient « aigrement et vassaument », lançaient une grêle de « pierres et de mangonneaux » qui renversaient les Français dans les fossés. Messire Walleran de Ligny, fils du comte de Saint-Pol [2], fut ainsi précipité, armé de toutes pièces, sous l'eau et les fascines. Il fut en grand péril d'être noyé. Son père, avec ses hommes d'armes, accourut pour le secourir, réussit à le retirer de l'eau et des branchages « où il estoit si entouilliés que on ne savoit de quel coulleur ses jaques

(1) Froissart-Luce, t. VIII, p. 22. — Jean Dévereux, qui se qualifiait seigneur de Sainte-Sévère, fut sénéchal et gouverneur du Limousin pour le prince de Galles et tint si longtemps La Souterraine.

(2) Walleran de Luxembourg, fils de Gui, seigneur de Ligny, comte de Saint-Pol, et de Mahaut, de Châtillon, sœur et héritière de Gui, comte de Saint-Pol.

estoit[1]. » Plusieurs autres assaillants coururent même danger. Une dernière attaque, après quinze jours d'efforts, était sur le point d'assurer le succès lorsque la fin du jour l'interrompit. Elle devait être reprise le lendemain matin et le résultat n'en était pas douteux ; mais dans la nuit il tomba une telle quantité de neige qu'il fut impossible de tenir le camp. Il fut dit à cette occasion que Dieu s'était mis du côté des Anglais :

> Et fu dit des François très tout communement
> Que Jhesu-Crist, le père, le roy du firmament
> Avoit esté Englois celle nuit proprement [2].

Le siège fut donc levé. C'était humiliant pour une armée de 12,000 hommes, si brillamment commandée, car, — outre le connétable et les ducs de Berry, de Bourgogne et de Bourbon, — le comte d'Alençon, le comte du Perche, le comte de Boulogne, le comte de Saint-Pol, le dauphin d'Auvergne, le comte de Vendôme, le comte de Porcien, le maréchal de Sancerre, le vicomte de Rohan, les sires de Sully, de Beaujeu, de Clisson, de Montagut et « grant foison de barons et de chevaliers » étaient devant Ussel [3].

Le duc de Bourgogne était encore au siège

---

(1) Froissart-Luce, t. VIII, p. 271.

(2) Chronique de du Guesclin, par Cuvelier, t. II, vers 19591-93. — Mais l'éditeur fait observer que le mot avait été déjà dit, suivant Knygton, après la bataille de Poitiers, au sujet de la partialité que le pape Innocent VI manifestait pour la France sa patrie : « Or est le pape devenu Françoys, et Jésu devenu Engley : ore sera veou qui fra plus ly pape ou Jésu. » *Ibidem*, t. II, p. 380.

(3) Tous les manuscrits de Froissart désignent cette ville devant laquelle échoua du Guesclin, sous le nom d'Uzès, et quelques-uns placent cet Uzès en Auvergne. D'après la chronique de du Guesclin, ch. CXLII (*Panthéon littéraire*, t. II, p. 78), il s'agirait du château d'Usson, en Auvergne, et non de la ville d'Ussel, en Limousin, et le chroniqueur donne des détails qui semblent justifier cette identification. Elle a été admise par la plupart des auteurs (dom Morice, dom Vaissette et les historiens d'Auvergne). Mais le trouvère

devant Ussel les 2 et 3 mars [1]. D'après Froissart, du Guesclin, forcé d'abandonner son entreprise, aurait poussé jusqu'en Rouergue, et, après quelques succès, serait revenu avec les ducs de Berry et de Bourbon reprendre l'attaque d'Ussel. S'aidant d'engins de guerre charriés de Riom et de Clermont, il préparait un assaut décisif, ce qui détermina la garnison anglaise à capituler. Elle obtint de se retirer avec armes et bagages à Sainte-Sévère sur les confins du Limousin. Ces derniers faits ne sont pas exacts. Du Guesclin était rentré à Paris le 18 mars et n'avait pu, par conséquent, faire une expédition en Rouergue et revenir devant Ussel [2].

Les chefs de l'armée s'étaient séparés en deux groupes. Le connétable et les Bretons avaient pris leur route par le Limousin. Les sires de Malval, de Mareuil et de Pierre-Buffière « qui estoient tournés françois » marchaient avec eux [3]. Les

---

Cuvelier dit « Huissel en Auvergne » et « Ussel », et d'après l'enquête pour la canonisation de Charles de Blois, ce serait bien à Ussel, sur les marches d'Auvergne, non à Usson ou à Uzès, que le connétable conduisit son armée, vers la fin de février 1371. Dom Lobineau (*Hist. de Bretagne*), Delmas (*Hist. d'Ussel*, p. 14), suivent cette opinion adoptée par Siméon Luce (Froissart, t. VIII, p. XVII) et fortifiée par d'autres documents cités par ce savant commentateur. Je me range à ce sentiment, sans dissimuler qu'il soulève des objections. D'abord, la petite ville d'Ussel n'a jamais été connue, ainsi que le fut Usson, comme un château-fort puissamment protégé par son assiette et son enceinte de murailles et de fossés pleins d'eau, en état de résister à l'attaque d'une armée de 12,000 hommes. D'autre part, l'auteur de la chronique de du Guesclin (*ubi supra*) rapporte que Charles V aurait commandé à messire Bertrand d'aller délivrer Usson, parce que cette ville était de l'héritage de son frère le duc de Berry et d'Auvergne. Usson faisait, en effet, partie de la comté d'Auvergne, érigée en duché en 1360 et donnée par le roi Jean à son fils le duc de Berry. Néanmoins, la déclaration d'un témoin, blessé au siège d'Ussel, « *castrum vocatum Ussel in quadragesima ultima preterita* », et autres documents portant cette même désignation, doivent l'emporter.

(1) Froissart-Luce, t. VIII, pp. XVII, 21 à 23, 270 à 274.

(2) *Ibidem*, t. VIII, p. XVIII.

(3) *Ibidem*, p. 272.

ducs de Berry et de Bourbon et les autres grands seigneurs s'étaient dirigés vers Avignon pour conférer avec le duc d'Anjou et le nouveau pape Grégoire XI [1]. Pierre Roger, frère du vicomte de Turenne, avait remplacé Urbain V le 30 décembre précédent. Il fut bon Français, comme son oncle Clément VI, comme Innocent VI et ces papes d'Avignon vis-à-vis desquels la critique historique moderne est si peu bienveillante, si peu juste. Il ne tint pas à Grégoire XI, comme nous le verrons, que la paix ne fût rétablie entre la France et l'Angleterre, et les affaires de sa patrie de même que celles de sa province natale ne cessèrent d'exciter ses sympathies et son dévouement.

Le Limousin, la vicomté de Limoges n'étaient pas pacifiés. Des partis d'Anglais ou de routiers tenaient le plat pays, occupaient les châteaux [2]. Charles V s'efforçait de les chasser soit par la force, soit à prix d'argent. Au cours de cette année et de la suivante, il dut y avoir dans cette région des actions militaires dont nous ne retrouvons que des traces indistinctes. Le 13 avril 1371, Charles V confie la garde du château de la Coussière, en la vicomté, à Pierre de Montfrabeuf, écuyer, avec charge d'y entretenir tel nombre de gens d'armes nécessaires à la défense, moyennant cinq cents francs d'or par an [3]. Au mois de juillet, il alloue cent francs d'or par mois à Bertrand de Lage et ses compagnons pour la défense du châ-

---

(1) Froissart-Luce, t. VIII, pp. 23, 272.

(2) C'est dans le centre de la France que le brigandage des compagnies s'exerçait le plus librement. C'était « leur chambre » disaient insolemment leurs chefs, au rapport de Froissart.

(3) *Mandements de Charles V*, p. 395. Montfrabeuf était un lieu de la paroisse de Marval, près Rochechouart. Les Montfrâbœuf s'établirent vers la fin du siècle, par mariage, au château de la Chabroulie, près Ayen (canton de l'arrondissement de Brive). — La Coussière, commune de Saint-Saud, arrondissement de Nontron.

teau de Rochechouart [1]. Le 27 août, il retient les chevaliers Robert de Sancerre et Jehan, sire de Pierre-Buffière « pour nous servir en nos présentes guerres ou pays de Limosin et pour faire guerre à noz ennemis estant au dit pays », — le premier au nombre de quatre-vingt-dix hommes d'armes, et le second au nombre de cinquante hommes d'armes. Le même mandement assigne trente hommes d'armes pour la garde du fort de l'Esterp. Les gages des chevaliers seront, pour chaque mois, de xxx francs et ceux des écuyers de xv francs d'or [2]. Thibaut du Pont, capitaine de Rochechouart, correspond avec le roi, lui envoie des messagers « pour certaines besoignes qui nous touchent et que nous avons bien à cueur » [3] (septembre). Au mois d'octobre, Pierre de Mornay, chevalier, remplace Robert de Sancerre [4]. Un chef supérieur dirigeait toutes ces forces, les utilisait pour ses entreprises. Le maréchal de Sancerre avait, en effet, été envoyé en Limousin avec une petite armée pour maintenir et étendre la domination royale. Il avait dû, vers le mois de novembre, mettre le siège devant la petite ville d'Aixe et l'attaquer par assaut. Il endommagea fortement les murailles et fortifications et força les Anglais à capituler. Moyennant une somme principale de douze cents francs d'or et des accessoires, ils vidèrent le château, où le maréchal mit garnison en prenant soin de faire réparer les dégâts que ses

---

(1) *Mandements de Charles V*, p. 411.
(2) *Ibidem*, p. 419. Lesterp, en Limousin, aujourd'hui canton et arrondissement de Confolens. — Robert de Sancerre était un frère du maréchal
(3) *Ibidem*. — Charles V s'aida de ses frères dans l'administration des provinces excentriques, le Languedoc, la Bourgogne. Il s'occupa directement, personnellement, du Centre, et particulièrement du Limousin, du Périgord, du Quercy. V. Michelet, t. III, p. 434.
(4) *Mandements de Charles V*, p. 423.

attaques avaient causés. La prise d'Aixe amena la reddition du fort de Solignac et de plusieurs autres forteresses [1].

C'est à la demande des bourgeois du château de Limoges que Louis de Sancerre était venu dans la province. Cette démarche était significative. Ces bourgeois, exclusivement préoccupés de leurs franchises et de leur négoce, avaient toujours penché du côté de l'Anglais. Pour se rallier ainsi de leur propre initiative, il fallait qu'ils vissent les affaires du prince d'Aquitaine en bien mauvais point.

Vers le mois d'avril, les consuls du château avaient dépêché un messager vers Edouard III pour l'informer qu'ils ne pourraient se maintenir en son obéissance, s'il continuait de les laisser sans protection et sans subsides. Ils reçurent de bonnes paroles et même des lettres promettant réparation des dommages causés par la guerre, mais l'action du pouvoir anglais, loin de se fortifier, était de plus en plus annihilée. Les consuls se retournèrent alors vers le roi de France. Trois bourgeois, délégués, furent chargés de négocier avec les officiers royaux la soumission de la ville, restée fidèle au prince anglais. Le sentiment de patrie, la sympathie n'entraient d'ailleurs pour rien dans cette démarche. Ils posaient leurs conditions : elles étaient pleines d'exigences, fort difficiles à remplir. Ils ne demandaient rien moins que l'affranchissement complet, pour la ville, de la seigneurie du vicomte et de la suzeraineté de l'abbé de Saint-Martial et la confirmation de tous autres privilèges concédés par le roi d'Angleterre et le prince de Galles. Leurs demandes étaient inscrites par numéros sur un protocole présenté

---

(1) *Mandements de Charles V*, p. 432.

au roi et ils prenaient soin de stipuler que si l'exécution venait à manquer, leur soumission serait nulle et non avenue [1]. Le roi consentit à tout. Le 14 décembre, la ville, représentée par les consuls et un certain nombre d'habitants, fit sa soumission entre les mains du maréchal de Sancerre qui dut jurer sur l'Evangile, au nom du roi, que les conditions imposées seraient fidèlement exécutées. Charles V s'empressa du reste de donner toutes les satisfactions qui étaient ou qu'il croyait être en son pouvoir. Il octroya de nouveaux droits de taxes à la ville (26 décembre), unit à perpétuité à la Couronne le château et la ville dont il maintenait tous les privilèges, se chargeant d'indemniser la vicomtesse et l'abbé de Saint-Martial pour leurs seigneurie ou suzeraineté (28 décembre). Enfin, le 2 janvier 1372, le roi fit don à perpétuité aux consuls et habitants du château dudit château et de la châtellenie et de toute juridiction, revenus et autres propriétés composant la seigneurie de la vicomtesse de Limoges. Un grand nombre d'autres lettres (les *Annales* de 1638 en énumèrent jusqu'à vingt-six) furent délivrées à cette même époque en faveur du château de Limoges [2]. La remarque de

---

(1) « ... *Et si quæ ibi promissa sunt non fierent per dominum Regem, ut præfertur, hujusmodi recognitio et juramentorum præstatio sint et remaneant nullius efficaciæ seu valoris et pro non factis habeantur.* »

(2) *Annales* (de 1638), pp. 278 à 281 ; Louis Guibert : *Documents relatifs à l'histoire municipale des deux villes de Limoges*, pp. 338 et suiv. — Cette dernière concession, sous la date du 2 janvier 1372 (n. s.), resta sans effet. Le château de Limoges ne sortit pas du domaine de la vicomté et d'interminables procès s'agitèrent dans la suite au sujet de cette seigneurie si insupportable aux Limogeaux. Il est certain qu'en se remémorant la contre-lettre qui annulait la donation de la vicomté faite à Charles V, on est porté à considérer la concession du roi comme un acte peu sérieux, laissant suspecter dans une certaine mesure sa loyauté et sa bonne foi. Il aurait donné sciemment ce qui ne lui appartenait pas, ce dont il ne pouvait disposer. Mais la question veut être examinée de plus près. La donation du château aux bourgeois n'est nullement fondée sur

Michelet est ainsi justifiée : « Charles ne gardait pas rancune... plus on l'avait trahi et mieux il vous traitait »[1].

Malgré toutes ces concessions, les Limogeaux n'ouvrirent pas leurs portes au lieutenant du roi, ils ne s'y décidèrent qu'au mois d'avril de l'année suivante et encore ne reconnurent-ils simplement que la supériorité féodale du roi de France, sans abandonner la seigneurie du prince de Galles, se bornant à placer le pennon de France au-dessus de celui d'Angleterre[2].

Le maréchal de Sancerre quitta le Limousin vers le commencement de l'année 1372. Il avait dépensé de ses deniers, dans sa dernière cam-

---

celle dont le roi avait été le bénéficiaire le 9 juillet 1369. Elle prenait sa source dans des faits postérieurs et distincts. En rappelant ces faits, le soupçon élevé contre la sincérité du roi sera tout au moins grandement atténué. La liste des privilèges de la ville-château de Limoges sous Charles V (dans Bonaventure de Saint-Amable, les *Annales* de 1638, etc.) fait figurer, au premier rang, les lettres d'annexion du château à la Couronne, portant promesse d'indemniser les propriétaires dépossédés ; sous le numéro 2, d'autres lettres par lesquelles le roi bailla récompense à Jeanne de Bretagne de 1,000 livres de rente sur le château de Nemours en échange de ses droits prétendus sur le château de Limoges ; sous le numéro 3, d'autres lettres concernant la récompense de l'abbé de Saint-Martial pour son droit d'hommage et, enfin, sous le numéro 4, les lettres de don du château aux bourgeois. Donc, il y avait eu, avant ce don, accord plus ou moins ferme entre le roi et la vicomtesse, et cette constatation suffit. L'accord avec la vicomtesse n'a pas tenu, elle a gardé ou repris son bien, les bourgeois n'ont pas pris leurs précautions pour faire sortir à effet la libéralité royale, la mort prématurée du roi, le temps d'anarchie qui a suivi : autant d'explications hypothétiques de la caducité de la donation qui sont plus plausibles que la présomption d'une insigne mauvaise foi chez Charles V. C'était une terrible femme que Jeanne la Boiteuse. Son indomptable énergie, sa ténacité ne furent jamais vaincues par personne. Le malheureux Charles de Blois, « contre son escient », en fut la victime. Il faudrait voir l'acte passé avec la vicomtesse. Marvaud (*Hist. des vicomtes de Limoges*, t. II, p. 18) cite cet acte et renvoie aux archives de Pau, S. E., 627. Malheureusement, l'indication est erronée sinon de fantaisie, et on ne trouve à l'Inventaire sommaire de ce dépôt, au fonds de la vicomté de Limoges, E. 600-880, aucune trace dudit acte.

(1) Michelet, t. III, p. 455.

(2) Louis Guibert, *ubi supra*, pp. 338-357.

pagne, 5,920 francs d'or que le roi ordonna lui être remboursés, par mandement du 8 janvier 1372 [1].

Les affaires ne tournaient pas à l'avantage des Anglais. Le duc de Lancastre, découragé, s'était démis, vers le milieu de l'année 1371, de la charge de lieutenant de la principauté. Il attendit pourtant d'être remplacé pour retourner en Angleterre. Le comte de Pembroke lui fut donné pour successeur par acte du 13 avril 1372 [2].

Les hostilités continuaient, principalement en Poitou. Le duc de Bourbon et du Guesclin furent expédiés en Guyenne avec une armée et tous pouvoirs pour achever la conquête du pays, « spécialement ès parties de Limosin, de Saintonge et de Poitou [3]. » Le maréchal de Sancerre y revint de son côté avec 120 hommes d'armes et, le 26 avril, entra avec ses soldats au château de Limoges et y reçut l'obédience et le serment des bourgeois quant au ressort et aux appellations [4].

En même temps, les Anglais se préparaient à envahir la France de deux côtés, par Calais et par La Rochelle. Au mois de juin, le comte de Pembroke arrivait dans les eaux de cette ville avec quatorze gros vaisseaux, mais il y trouvait la flotte française et l'escadre castillane qui le battirent complètement et le firent prisonnier [5].

En Poitou, du Guesclin, les ducs de Berry et de Bourbon et le maréchal de Sancerre ont rassemblé une armée de plus de 3,000 lances et font une brillante campagne. Ils s'emparent de Montmorillon, Lussac, Montcontour, obtiennent Sainte-Sévère par capitulation (31 juillet). Du Guesclin,

---

(1) *Mandements de Charles V*, p. 434.
(2) Froissart-Luce, t. VIII, p. XXII.
(3) *Mand. de Charles V*, p. 452.
(4) Louis Guibert, *ubi supra*, p. 357.
(5) Froissart-Luce, pp. XXVI, 38 à 42.

établi sur les marches du Limousin, est appelé par le duc de Berry pour aider à la prise de Poitiers. Il fait trente lieues en dix-huit heures et les Français prennent possession de cette capitale (7 août) [1].

Edouard III, effrayé de ces progrès, sollicité par les Anglo-Poitevins, enfermés dans Thouars, veut se mettre lui-même à la tête d'une expédition plus importante afin de se rétablir en Guyenne. Il s'embarque à Sandwich, avec le duc de Lancastre, le 30 août ; mais les vents lui sont contraires, il ne peut approcher des côtes et rentre en Angleterre, le 28 octobre, sans avoir apporté aucun secours à ses partisans battus presque partout [2]. Ceux-ci ont à peine quelques succès isolés. Jean Déverеux tient toujours La Souterraine [3]. Bernard de La Salle se saisit de Figeac (octobre) et dévaste le Quercy [4]. Mais le fameux captal de Buch est fait prisonnier à Soubise. Angoulême, Saintes, La Rochelle, Civray, Thouars deviennent françaises. L'Anglais a tout perdu en Angoumois, Saintonge et Poitou [5].

Le Limousin reste en retard. Le maréchal de Sancerre, après la soumission de Limoges, a bien gagné quelques bourgs, Isle à prix d'argent, Saint-Léonard de bonne grâce [6] ; Jehan de Pierre-

(1) Froissart-Luce, t. VIII, pp. XXXIV, 60 à 62 ; *Mandements de Charles V*, p. 472.

(2) *Ibidem*, pp. LIII, 93 à 96.

(3) *Ibidem*, p. LIX. Cette place appartenait encore aux Anglais au mois de mars 1373, lorsque le duc de Berry y mit le siège. Elle ne revint aux Français qu'à la fin de cette année.

(4) *Ibidem*, t. VII, p. LXVII ; Lacoste, *Histoire de Quercy*, t. III, p. 223 ; *Hist. de Languedoc*, t. V, p. 351.

(5) Froissart-Luce, t. VIII, pp. XXIX à LVI.

(6) Le 2 mai, Louis de Sancerre obtint la reddition du château d'Isle (près Limoges), appartenant à l'évêque, moyennant une indemnité de 2,000 francs d'or qu'il dut payer à Marot Audebert, chef d'une compagnie anglaise, qui s'en était emparé. Le 28 mai,

Buffière détient toujours Chalusset pour le roi [1], mais Aimeri de Rochechouart, seigneur de Mortemart, grand terrien, vaillant capitaine, n'est pas encore rallié, se fait le second de Jean Dévereux et de Thomas Felton, sénéchal d'Aquitaine, dans toutes leurs expéditions [2]. Nombre de châteaux servent encore de repaire à des bandes pillardes et meurtrières.

Au commencement de l'année 1372, le duc d'Anjou avait nommé un réformateur souverain et général dans les diocèses de Tulle et de Limoges et dans la vicomté. C'est le nouvel évêque de Limoges, Aymeric Chatti [3] qui est chargé dans ce ressort et lieux circonvoisins de se transporter vers tous les nobles, capitaines... gens de justice, baillis... gens d'église, consuls, bonnes villes, communes, châteaux et forteresses non encore venus à l'obéissance du roi, pour requérir leur adhésion et soumission, recevoir les adhérents et contraindre les rebelles par fait d'armes ou autrement. L'évêque était constitué véritable vice-roi dans la circonscription, avec droit de faire la guerre et la paix, de détruire et abattre, redresser et réparer villes et forteresses, de punir et de

---

Saint-Léonard se rendit français « *gratis* ». Plusieurs autres villes se soumirent au maréchal. Registres de Boutineau, notaire, dans les Mélanges manuscrits de l'abbé Legros, t. I, pp. 86, 87 : Nadaud, *Nobiliaire*, t. I, p. 682 ; Louis Guibert, *Chalusset*, p. 194.

(1) Lettres de Charles V. *Bulletin de la Société archéologique du Limousin*, t. XXVI, p. 158.

(2) Froissart-Luce, t. VIII, pp. XXXII, XXXIII, 53 à 57. Aimeri de Rochechouart était, notamment, de la troupe de Jean Dévereux et du captal de Buch qui occupa l'abbaye de Charroux sur les marches du Limousin en 1372, ainsi que de la garnison qui défendit Thouars contre les Français. Le 10 juillet 1372, le connétable fit don à Alain Saisy, écuyer, des château, ville et châtellenie de Mortemart, en Limousin, confisqués sur Aimeri de Rochechouart, pour cause de rébellion.

(3) Aymeri Chatti de la Jauchat, successeur de Jean de Cros en 1371, mort en 1390.

gracier, d'édicter et lever les impôts, de confirmer ou étendre les privilèges, de créer ou destituer tous officiers civils ou militaires, en un mot d'exercer par délégation les mêmes pouvoirs que le duc d'Anjou dans la Langue-d'Oc ou le roi lui-même. On ne voit pas que le prélat ait fait grand usage de ces prérogatives. Les lettres du duc d'Anjou du 6 janvier 1371 (v. s.) ratifiées par Charles V le 8 avril suivant, démontrent tout au moins l'état troublé dans lequel était encore le Limousin (1). Le nouveau pape, de son côté, n'ignorait pas les agitations et les souffrances de son pays natal. Au mois d'août de cette même année, il accorde pour cause des guerres et des calamités publiques, remise de moitié des décimes ecclésiastiques en faveur de l'archevêché de Bordeaux et des diocèses de Limoges, Tulle et Cahors (2).

Le Bas-Limousin a aussi ses dissidents, on peut dire ses traîtres. Il est peu de barons de cette époque qui soient restés complètement purs de compromission avec l'ennemi héréditaire. Redisons-le, le devoir était malaisé à discerner. A un moment, il avait commandé d'obéir au roi d'Angleterre, le suzerain imposé par les ordres et les prières du roi de France. A quel moment devenait-il juste et loyal de s'en séparer ? La fortune, la vie, l'honneur étaient en jeu dans cette résolution. Ceux qui, après avoir hésité et s'être un instant engagés dans la mauvaise voie, redevinrent bons français, tels qu'Aimeri de Rochechouart et ces frères Bonneval dont nous avons parlé, peuvent

---

(1) Lettres publiées dans les *Ordonnances des Rois de France*, t. V, p. 720. D. Vaissette a cru devoir inférer de cet acte que le Limousin était alors compris dans la Langue-d'Oc. V. sa dissertation, *Hist. de Languedoc*, t. IV, p. 541.

(2) Bulle du 27 août 1372, publiée dans les *Archives historiques de la Corrèze*, p. 28.

être excusés, il n'en est pas de même de ceux que le lucre seul poussa à la trahison et qui ne tentèrent jamais de réparer leur faute. Nous sommes obligés de ranger dans cette catégorie le dernier représentant direct de la plus illustre lignée du pays, Archambaud X[e] du nom, vicomte de Comborn. Il possédait à la suite de ses glorieux ancêtres cette vaste vicomté et plusieurs autres belles terres qui en dépendaient, au nombre desquelles la châtellenie de Rochefort [(1)] sur les confins de la Marche. Cette puissante race qui avait engendré les vicomtes de Limoges, de Turenne, de Ventadour, les grands féodaux de la région, était en décadence depuis la fin du haut moyen âge. Archambaud X, besogneux, d'une intelligence bornée, accentua la déchéance en trahissant misérablement pour de l'argent [(2)]. Il vendit le

---

(1) Commune de Sornac, arrondissement d'Ussel.

(2) Ces faits sont restés ignorés des historiens et généalogistes qui ont parlé des derniers vicomtes de Comborn, branche aînée. La fin de cette branche est d'ailleurs mal connue. Voici ce qui résulte d'actes originaux en notre possession :

Archambaud IX (VIII suivant quelques-uns, mais à tort), fils de Bernard III, vicomte de Comborn et de Blanche de Ventadour, était mineur de vingt-cinq ans, majeur de quatorze, sous la tutelle de sa mère Blanche en l'année 1327. Archambaud IX, vicomte après son père, épousa Yolande de Jean (parente du pape Jean XXII) et en eut un fils aussi nommé Archambaud, qu'il maria, très jeune encore, à Marie de Chalus (acte original du mariage, 3 nov. 1341). Archambaud IX mourut vers 1362. Archambaud X fut le dernier vicomte de sa branche. D'après un mémoire (publié au *Bulletin de la Société des Lettres, Sciences et Arts de la Corrèze*, t. VIII, p. 492), il était simple d'esprit et « impropre à la génération ». C'est lui qui aurait été fait prisonnier lorsqu'un capitaine anglais nommé Bacon s'empara du château de Comborn en 1348 (Froissart). C'est encore lui qui vendit Rochefort, quitta le Limousin et s'en alla mourir à Avignon. Il vendit aussi à Guichard de Comborn, V[e] du nom, son parent de la branche de Treignac, la vicomté de Comborn et tous ses biens. Il vivait encore en 1379, d'après la mention suivante du Trésor de Pompadour : 1379, vente par laquelle Archambaud de Comborn transporte au sr. Hélie [de Ventadour, son parent], évêque de Castres, la seigneurie de Comborn, à raison de 600 livres de rente, quoiqu'il l'eut cédée au même prix quelque temps avant, étant sur son départ pour la Terre sainte. Acte passé à Avignon (Inventaire des titres de Pompadour, par le sieur Bonotte. Pièce de

château et la terre de Rochefort, moyennant 4,000 écus d'or, à un capitaine anglais du nom de Chamoin de Badefol[1]. Puis, honteux sans doute de cette forfaiture ou redoutant la punition qu'elle devait entraîner, il se retira à Avignon et ne reparut plus en Limousin. Ces faits se produi-

---

mes archives). — Cette dernière vente ne tint pas. Celle faite à Guichard de Comborn donna lieu à de nombreux litiges, notamment à un interminable procès concernant la châtellenie de Rochefort. C'est dans les pièces de ce procès entre Jean Ier (fils de Guichard V), seigneur de Treignac, vicomte de Comborn et Jehan Brachet, seigneur de Peyrusse et de Rochefort, ayant-droit de Jean de Bourbon, comte de la Marche, que sont récités les incidents que nous résumons. (Pièces de mes archives).

(1) Plusieurs capitaines du nom de Badefol, tantôt anglais, tantôt français, paraissent fréquemment dans les chroniques et documents du règne de Charles V. Le plus fameux est Seguin de Badefol, du parti anglais, dit le roi des Compagnies, qui ravagea l'Auvergne et le Languedoc, fut vainqueur à Brignais et mourut empoisonné par ordre de Charles le Mauvais, roi de Navarre, en 1365. Seguin avait trois frères : Jean, Pierre et Gaston dit Thonet. Tous les quatre étaient fils légitimes de Seguin de Gontaut, seigneur de Badefol (aujourd'hui Badefol de Cadoin, arrondissement de Bergerac), et de Marguerite de Bérail, mariés le 15 juin 1329. Thonet de Badefol avait adhéré à l'appel le 6 janvier 1370 (V. Archives des Basses-Pyrénées, E. 6 5), mais il servait en même temps les Anglais. Il fut pour eux capitaine de Bergerac, puis de la Linde, près Cadoin. Il s'engagea, lors de l'expédition du duc d'Anjou en Périgord, à lui livrer la Linde. Le captal de Buch découvrit le complot, accourut à la Linde, chercha Thonet et le tua. (Cathala. Coture, *Hist. du Quercy*, t. I, p. 300; Dessalles, *Hist. du Périgord*, t. II, p. 288 et suiv.). — Seguin de Gontaut, outre ces quatre fils légitimes, eut deux fils naturels : Arnaudon et Bernardet de Badefol qui tinrent ordinairement le parti français. (Froissart-Luce, t. VI, pp. xx à xxxv, t. VII, pp. LIII, cv et *Chroniques de Jean Tarde*, publiées par M. de Gérard, 1887, p. 130). — Chamoin de Badefol n'avait pas été cité jusqu'ici. Faut-il l'identifier avec un des susnommés, avec Thonet, par exemple ? Je ne le pense pas. Thonet est appelé quelquefois Thomius et même Thonins. Ce dernier vocable se rapproche un peu de notre Chamoin qu'on pourrait lire aussi Thamoin ou Themoin. Mais les incidents où Chamoin de Badefol joue un rôle me paraissent postérieurs à l'année 1370, date de la mort de Thonet. — A. Masure (*l'Auvergne au* XIV*e* *siècle*, p. 28) cite un « Mandonat Badafol », chef de bande anglo-gasconne, qui vers 1357 se serait emparé du château de Miramont, près Mauriac. On trouve aussi aux Preuves de *l'Histoire de Languedoc* (t. IV, p. 373). Chopin de Badefol parmi les capitaines de compagnies anglaises que le comte d'Armagnac en 1387 se proposait de chasser de Guyenne et de Languedoc. Ces routiers étaient de la même famille que les précédents. L'identité de ces divers Badefol n'est pas aisée à débrouiller.

sirent après 1367 [1] (en 1368 ou 1369), sans que nous puissions mieux préciser. Archambaud fut déclaré félon et ses biens furent confisqués, mais les Anglais, maîtres de Rochefort, se répandirent dans le Bas-Limousin, le Haut-Limousin et la Marche et y commirent de nombreux méfaits. Ils s'emparèrent des villes de Chambon, Aubusson, Felletin, des châteaux de Rancon, Mortemart, Janaillac et autres places [2].

Jean de Bourbon, comte de la Marche, au retour de l'expédition de Castille, avec du Guesclin, avait été nommé lieutenant-général en Limousin. Bientôt après, il reçut charge de délivrer les forts tenus par les Anglais dans son gouvernement et fit une glorieuse campagne. Dans une rencontre, il captura le capitaine anglais de Rochefort et l'emmenant avec lui alla poser le siège devant le château. La garnison, privée de son chef, capitula mais se fit payer. C'était la coutume. Jean de Bourbon délivra sans finance le capitaine et déboursa 2,000 écus d'or pour la remise du château [3]. Rochefort redevint français en 1372 ou 1373, années durant lesquelles Jean de Bourbon reprit aussi sur les Anglais les villes de La Souterraine et de Bourganeuf [4].

---

(1) En 1367, Archambaud de Comborn, chevalier, et son fils aîné, du même nom, assignent sur la terre de Rochefort aux demoiselles Jeanne et Blanche de Comborn, une rente viagère de 15 livres et 18 setiers de blé. (Inventaire de Pompadour).

(2) Cf. Joullietton, *Histoire de la Marche*, t. II, p. 238. Cet auteur assigne à cette même époque le siège du château de Monteil-au-Vicomte, à la suite duquel Gui d'Aubusson fut fait prisonnier avec sa femme et ses enfants et conduit en Angleterre où il mourut, ne pouvant payer la rançon de 3,000 florins d'or à laquelle il avait été taxé. Le P. Anselme, La Chesnaye-Desbois, Nadaud, font mourir Guy d'Aubusson en Angleterre avant 1364. Nous reviendrons sur ce point à propos de nos Pièces justificatives.

(3) V. aux Pièces justificatives le document constatant ces faits.

(4) Joullietton, *ubi supra*, p. 239.

Beaucoup d'autres lieux fortifiés restaient au pouvoir des ennemis. Les châteaux de la vicomtesse leur appartenaient presque tous. Château-Chervix dans le Haut-Limousin, Ayen, Ségur dans le bas pays leur servaient de centres d'opérations. Brive était ballottée entre les deux partis, penchait plutôt du côté anglais. Ayen fut repris, Maurice du Parc étant sénéchal de la vicomté (1371); mais Château-Nouvel (aujourd'hui Castel-Novel) [1], membre important de cette châtellenie, gardait sa garnison anglaise. En 1372, les nobles de la châtellenie d'Ayen et les officiers de la vicomtesse députèrent à Brive vers les seigneurs Bertrand de Chavagnac et Pierre de Maumont [2] aux fins de traiter avec Bernard de la Salle de la délivrance de Château-Nouvel. Le marché fut conclu. La vicomtesse et les nobles firent aussitôt réparer les fortifications du château et la garde en fut donnée à Ytier de la Rivière [3]. Château-Chervix et Ségur furent également délivrés par la force ou moyennant finance sous l'exercice de Thibaut du Pont, vers 1371 ou 1372 [4].

Nous sommes loin de connaître tous les faits de guerre qui ont tourmenté les populations du Li-

---

(1) Château-Nouvel était encore du domaine utile du vicomte. Ce n'est que plus tard, vers 1465, que ce lieu fut constitué en seigneurie séparée, en suite de la donation qui en fut faite par Jean de Bretagne, vicomte de Limoges, à Jean Beaupoil, son écuyer.

(2) Le premier du Quercy, le second du Bas-Limousin, qui, pensons-nous, tenaient encore le parti anglais.

(3) Seigneur du fief de La Rivière, près Pompadour. — Comptes des receveurs de la vicomtesse de Limoges, duchesse de Bretagne (le traité de Guérande n'étant pas exécuté, Jeanne de Bretagne conservait ses titres). — Années 1371 à 1373 (Archives des Basses-Pyrénées, B. 1763).

(4) Mêmes comptes. Thibaut du Pont s'occupait de la délivrance de Ségur en 1372, mais il n'est pas sûr qu'il ait abouti. Les recettes et dépenses de la châtellenie de Ségur ne figurent dans ces comptes qu'à partir de 1376.

mousin dans cette période [1]. Les chroniqueurs locaux font complètement défaut, et ce n'est qu'au hasard des découvertes dans les documents d'archives qu'on pourra mieux éclairer l'histoire de la rivalité franco-anglaise dans une des provinces qui en ont le plus souffert.

---

(1) Nous trouvons dans le *Catalogue des rôles gascons* de Thomas Carte, t. I, p. 158, les mentions suivantes se rapportant à l'année 1371 (v. s.) : 1° *Pro vicecomite de Toroyne* [Turenne] *et domino de Dunsenhae* [Donzenac] *de informando super captione castri de Malemort. Data apud Westminster, 29 die martii* [1372]. — 2° *Pro Geraldo de Dunsenhae, de informando super ædificatione mansionum in villa de Dunsenhae. Data ut supra.* — 3° *Pro Domino de Dunsenhae, de informando de loco et terra de la Chastellanie de Bealmont* [Beaumont, canton de Seilhac] *et loco et terra de Jambolyne* [Chamboulive, canton de Seilhac]. *Data ut supra.* (Nous conservons l'orthographe du scribe anglais). — Nous sommes sans renseignements sur cette prise du château de Malemort (près Brive), ainsi que sur les autres faits relatifs à Donzenac, dont était seigneur Géraud de Ventadour, et à Beaumont et Chamboulive qui dépendaient de la vicomté de Comborn.

CHAPITRE IV.

Campagne de 1373. — La chevauchée des ducs de Lancastre et de Bretagne de Calais à Bordeaux. — Itinéraire à travers le Bas-Limousin. — Reddition du château de Maumont. — Siége et prise de Tulle. — Les Anglais à Favars et à Sainte-Ferréole. — Brive reçoit le duc de Lancastre. — Punition des félons par le roi de France. — Confiscation et donation des biens de Bertrand et Pierre de Maumont, du seigneur de Favars, de quatre citoyens de Tulle, des consuls et habitants de la ville de Brive. — Prise de Brive par le duc de Bourbon. — Exécution à mort des consuls. — Rémission en faveur des susnommés et de la ville de Brive. — Nouvelle expédition du duc de Bourbon. — Trêve de Bruges.

L'année 1373 vit de nouveaux succès du connétable. La victoire de Chizé (21 mars) affermit la puissance de Charles V en Poitou, mais les Anglais tenaient toujours nombre de villes et de châteaux, particulièrement en Limousin. Au mois de février, Charles V, toujours préoccupé de maintenir sous sa puissance cette frontière de la Guyenne, avait fait envoyer de nouveaux réformateurs dans ces parages. Bernard de Grésignac fut nommé par le duc d'Anjou gouverneur et réformateur en Périgord et Limousin, conjointement avec Gui de Lasteyrie, « pour ce que le pays de Pierregort, Sarladois et Limosin sont de présent sans gouvernement et mal grévés par les ennemis » (1). Jean Dévereux, qui occupait La Souterraine, fut fait prisonnier à Chizé, mais sa compagnie garda la position et le duc de Berry dut faire un siège en règle de cette place. Elle ne revint aux Français qu'à la fin de l'année (2).

Les capitaines du roi s'emparent successivement de Niort, de Lusignan, de Mortemer, etc., repoussent leurs adversaires vers l'extrémité du Poitou où ils conservent La Roche-sur-Yon et quelques forts dans le plat pays. Puis, le connétable organise une expédition en Bretagne pour mettre à la raison Jean de Montfort qui trahit son suzerain et reçoit les troupes ennemies dans son duché. L'approche de du Guesclin fait fuir le duc en Angleterre, et, d'un tour de main, Rennes, Dinan, Vannes, Saint-Malo, Quimper sont conquises. Le connétable entre à Nantes. Les villes et forteresses de Bécherel, Brest, Derval, La Roche-sur-Yon sont assiégées en même temps par les capitaines de Charles V.

Edouard III est fort effrayé de ces progrès. Le Poitou, la Saintonge, l'Aunis avec La Rochelle sont comme perdus pour sa couronne. Il n'est pas sans inquiétude dans son île. La flotte française croise dans le détroit, menace les côtes d'Angleterre. Le duc de Bretagne insiste d'autre part pour faire délivrer son duché. Edouard III se décide à une grande entreprise. Il fait dresser une armée considérable pour envahir la France.

Deux mille armures de fer et quatre mille archers sont réunis sous le commandement du

---

(1) Lettres du 6 février. Bibliothèque Nationale, fonds Périgord, pap. Lespine, carton Périgueux. Cf. Dessalles, *Hist. du Périgord*, t. II, p. 209.

(2) Froissart-Luce, t. VIII, p. LXI. Le duc de Berry tenait le siège devant La Souterraine le 30 mars 1373.

duc de Lancastre et du duc de Bretagne. Un énorme matériel de guerre est dirigé de Douvres sur Calais. C'est là que l'armée débarquera et s'augmentera de nouvelles troupes engagées à prix d'argent. La Picardie sera envahie, la Bretagne délivrée et la France traversée et ravagée de part en part, jusqu'à Bordeaux [1].

Le 13 juin, Edouard III institue son fils Jean, duc de Lancastre, son lieutenant spécial et capitaine général tant au royaume de France qu'en Aquitaine, avec les pleins pouvoirs attachés à ces titres [2]. Les deux ducs quittent l'Angleterre à la fin de juin, abordent à Calais au commencement de juillet. Leur armée est déjà forte de trois mille hommes d'armes, six mille archers et deux mille autres combattants [3].

Charles V a préparé de son côté la défense. Les villes, à commencer par la Picardie, doivent faire bonne garde, fortifier leur clôture, être prêtes à subir un siège. Les habitants des campagnes se retireront dans les villes en emportant ou détruisant tout ce qui pourrait servir à la subsistance de l'ennemi. Quant aux troupes rappelées de Bretagne, de Normandie, du Poitou, elles reçoivent l'ordre formel de ne pas accepter de bataille décisive, de suivre pas à pas les Anglais, de les harceler dans des escarmouches, de leur couper les vivres, de les tenir à distance des villes.

L'armée anglaise se met en marche par trois batailles ou divisions, restant en contact, s'avance dans l'Artois et la Picardie, portant l'incendie et le pillage sur son parcours. Les Français, accourus, se soumettent, non sans impatience, aux

---

(1) Froissart-Luce, t. VIII, pp. LXXVII, 137.
(2) *Ibidem*, p. LXXVIII.
(3) *Ibidem*.

ordres du roi. Ils atteignent les Anglais, les serrent de près, tantôt sur leur droite, tantôt sur leur gauche, les empêchent de se développer et surtout de prendre gîte, de se ravitailler. Ils sont reçus dans les villes, s'y reposent derrière les murailles, y prennent des munitions tandis que les envahisseurs, endurent toutes sortes de privations, couchent à la belle étoile dans le plat pays, à l'avance dépouillé de toutes ressources.

Lancastre et Montfort, suivis par du Guesclin et le sire de Clisson, les ducs de Bourgogne et de Bourbon, arrivent ainsi en Champagne, devant Troyes, dans les derniers jours de septembre. Les légats de Grégoire XI, l'archevêque de Ravenne, l'évêque de Carpentras les y attendent, leur proposent de la part du Pape une trêve, une suspension d'armes (1), mais Edouard III s'est réservé toute mesure de ce genre. Il est à croire que Lancastre, libre de traiter, aurait accepté ces ouvertures ; son armée était déjà décimée, souffrait des maladies, parfois de la faim, mais il avait reçu l'ordre de ravager la France jusqu'à Bordeaux, et si pénible et si peu glorieuse que fût cette campagne, il devait la mener jusqu'au bout. Il cherchait la bataille devant Troyes, elle lui fut refusée. Après avoir pillé et incendié les environs, il continua sa route (2).

Le duc de Bourgogne était un des capitaines

---

(1) Froissart-Luce, t. VIII, pp. XCIX, 166-170. — L'évêque de Carpentras était Guillaume de Lestrange, originaire de la seigneurie de ce nom, près Lapleau, en Bas-Limousin. Famille alliée à celle des Roger de Beaufort. Il était élu évêque de Carpentras dès 1373 et probablement dès 1371, lorsque Jean Flandrin, pourvu de ce siège, fut promu à Auch. Le *Gallia Christiana* le place à l'année 1375. Gams l'a omis parmi les évêques de Carpentras et ce n'est pas sans quelque raison. Jean Flandrin, nommé à Auch en 1371, n'obtint ce siège qu'en 1379 et garda sans doute jusque là son évêché de Carpentras. Guillaume de Lestrange devint archevêque de Rouen en 1376 et mourut en 1388.

(2) Froissart-Luce, t. VIII, pp. XCIX, C, 168 à 170.

qui suivaient l'armée anglaise. Il modelait ses mouvements sur ceux des ennemis, ne les perdit pas de vue un seul jour, les devançant ou leur succédant à quelques heures d'intervalle dans toutes leurs stations. Son itinéraire, qui a été conservé, nous fait connaître leur marche, nous permettrait de marquer toutes leurs étapes et leurs méfaits. Après la Champagne, ils percent la Bourgogne et passent la Loire à Marcilly-les-Nonnains. Ils se dirigent ensuite sur Roanne. Le duc de Bourgogne est à Roanne les 11 et 12 octobre, le 14 à Cusset, le 19 à Souvigny où il passe quatre jours dans la magnifique demeure du duc de Bourbon. Le 31 octobre, toujours attaché aux pas des Anglais, il est à Aigueperse, en Auvergne. D'Aigueperse il se rend à Riom, et le 5 novembre il vient souper et coucher à Clermont où il séjourne jusqu'au mercredi 9. Là, il renonce à continuer plus avant sa poursuite et reprend, par Bourges, la route de Paris afin de rendre compte de son expédition au roi son frère [1].

Voilà l'armée anglaise sur les frontières du Limousin. Nous perdons notre guide pour observer sa marche. Heureusement, nous pouvons le remplacer par les indications de nos documents inédits. Une fois à Aigueperse et à Clermont, le duc de Lancastre voulant se rendre à Bordeaux, devait presque forcément traverser le Bas-Limousin de part en part. « Aigueperse est située, dit Siméon Luce, sur le bord de l'ancienne voie romaine qui contournant le massif du Puy-de-Dôme, conduisait de temps immémorial en Limousin et en Périgord » [2]. Depuis les Romains, cette grande

---

(1) V. l'Itinéraire de Philippe le Hardi, dressé par M. Petit, et le résumé de Siméon Luce dans Froissart, t. VIII, pp. c, ci.
(2) Froissart-Luce, t. VIII, p. ci.

voie n'a pas changé d'assiette pour ainsi dire, c'est la grande route nationale de Clermont à Bordeaux, qui coupe le Bas-Limousin en diagonale du nord-est au sud-ouest en passant par les villes d'Ussel, Egletons, Tulle et Brive.

Le duc de Lancastre était aux environs de Clermont vers la Saint-Martin. Il dut pénétrer en Limousin en côtoyant la Dordogne et se diriger ensuite vers Ussel. Nous ne savons s'il s'arrêta devant cette ville qui était peut-être restée au pouvoir des compagnies anglaises. Un document daté de l'an 1375 établit que les Anglais ennemis du roi tenaient depuis quelques temps le château de Charlus et autres forteresses circonvoisines [1]. Il est possible que cette occupation remontât au temps du siège infructueux de du Guesclin. L'armée anglaise arriva bientôt en vue du château de Maumont (près Egletons), petite forteresse appartenant depuis plusieurs siècles à l'illustre famille de ce nom, représentée alors par Bertrand de Maumont, co-seigneur dudit lieu, de Gimel et de La Roche [2].

Il avait prêté serment de fidélité au roi d'Angleterre, entre les mains de Jean Chandos, à Cahors, en 1361. Mais depuis la rupture du traité, il avait fait adhésion à l'appel. A l'approche de l'armée anglaise, « craignant pour sa vie », il jugea prudent de quitter son château et de se retirer en un lieu plus sûr, à Turenne, chez Guil-

(1) Le 4 mars 1375, le duc de Berry autorise les habitants d'Ussel à lever des taxes pour mettre leur ville à couvert des incursions des Anglais, « ennemis du roy, qui tenoient déjà le château de Charlus et autres forteresses circonvoisines. » — Huot, *Les Archives municipales d'Ussel*, p. 49.

(2) Egletons, canton; Gimel, commune; stations du chemin de fer de Tulle à Clermont; La Roche, canton, arrondissement de Tulle.

laume Roger. Sa femme [1] et ses enfants s'étaient aussi éloignés et avaient pris asile à Sainte-Ferréole, seigneurie de l'évêque de Tulle. Bertrand de Maumont n'avait laissé dans son château qu'une faible garnison qui ne pouvait évidemment se défendre contre une armée. Celle-ci n'eut qu'à se montrer, le capitaine de Maumont ne fit aucune résistance et le panonceau à l'effigie de saint Georges fut dressé sur le château à la place des fleurs de lys. Des vivres furent distribués aux Anglais partie gratuitement, partie moyennant finance. Le ravitaillement avait été le but et fut le principal avantage de cet exploit.

Egletons est à une heure de marche de Maumont sur la route de Tulle. Il est bien probable que le duc de Lancastre ne laissa pas cette petite ville complètement indemne. C'était un des plus beaux fleurons du comté de Ventadour, alors sur la tête de Bernard de Ventadour, rude adversaire des Anglais. L'occasion se prêtait à tirer vengeance de cet ennemi en maltraitant ses sujets d'Egletons, en vue de sa forteresse de Ventadour [2], et l'armée qui marquait tous ses pas par la déprédation ne dut pas s'en abstenir.

En continuant leur chemin, entre Egletons et Tulle, les Anglais rencontraient le château de

---

(1) Il avait épousé N. de Saint-Martial, fille de Pierre (d'autres disent Guy) de Saint-Martial, seigneur dudit lieu (près Argentat, Bas-Limousin) et de Fromental (Haut-Limousin). Il eut deux fils. Jean, l'aîné, fut marié à Hélène d'Aigrefeuille, fille d'Aymar d'Aigrefeuille, maréchal de la cour romaine, par suite nièce des cardinaux Guillaume et Faydit d'Aigrefeuille et sœur d'autre Guillaume d'Aigrefeuille, cardinal. C'est à l'intercession d'Aymar d'Aigrefeuille, qualifié par Charles V son fidèle chevalier et conseiller, que Bertrand de Maumont dut les lettres de rémission dont nous parlerons plus loin.

(2) Il est possible, du reste, que déjà à cette époque Ventadour fût aux mains du fameux Geoffroy-Tête-Noire ou de quelque autre routier anglais.

Gimel [1], importante forteresse qui devait aussi leur rappeler des souvenirs. Cent ans auparavant, en 1268, leurs devanciers s'étaient arrêtés longtemps devant ces murailles et le siège en avait été difficile et plein de péripéties. Le château fut-il cette fois rendu aux ennemis sans coup férir et purent-ils s'y reposer et s'y approvisionner comme à Maumont ? Il y a des présomptions dans ce sens. Pierre de Maumont, frère de Bertrand, se rangea aussi au parti anglais lors du passage du duc de Lancastre, et y persévéra plus longtemps. Il est dit comme son frère co-seigneur de Maumont et de Gimel, et d'après des lettres de Charles V, « il bailla ses forteresses et lieux au duc de Lenglastre [2]. » Pierre de Maumont, chevalier dès 1358, était alors âgé d'environ quarante-cinq ans, il était marié, et même très brillamment, ayant épousé une fille du Dauphin d'Auvergne, il n'avait pas sa résidence à Maumont, et les forteresses et lieux par lui livrés sont, selon toute vraisemblance, le château supérieur de Gimel, avec ses dépendances, possédé par sa famille depuis le mariage de Pierre de Maumont, son bisaïeul, avec Marguerite de Gimel.

L'armée arriva ensuite à Tulle. Là, elle ne trouva pas bon accueil. Les portes de la petite cité furent fermées, elle voulait se défendre en atten-

---

(1) Commune, canton de Tulle-sud, à 13 kilomètres de Tulle.

(2) Nous publions ces lettres aux Pièces justificatives. — Pierre de Maumont, damoiseau, majeur de quatorze ans, mineur de vingt-cinq, fit en 1349 une donation de 800 deniers d'or à sa sœur Louise, lors de son mariage avec Hélie de Noailles. Il devait avoir au moins dix-huit ans, probablement vingt-un. — Siméon Luce a confondu en un seul personnage les deux frères Pierre et Bertrand de Maumont, parfaitement distincts. Froissart-Luce, t. VIII, p. CII. C'est Bertrand et non Pierre qui obtint des lettres de rémission en juillet 1374. Il est possible que Pierre en ait obtenu de son côté, mais on ne les a pas découvertes.

dant les secours des troupes françaises. Le siège fut posé. Lancastre, étonné de cette résistance, somma les habitants de se rendre, leur déclarant qu'il n'abandonnerait pas l'entreprise avant d'avoir détruit la ville et exterminé tous ses habitants. Il y eut donc refus de recevoir l'armée anglaise et résistance dans une certaine mesure. Mais que pouvaient faire quelques centaines de bourgeois contre une armée réduite il est vrai par les privations et les rigueurs de la température ! S'ils eussent connu les véritables forces de l'ennemi, su qu'il manquait de vivres, qu'il était serré de près par les troupes du connétable, ils auraient sans doute persisté dans leur refus d'ouvrir les portes, et le duc de Lancastre n'aurait pu tenir longtemps, se serait dérobé. Mais les menaces les effrayèrent. La ville devait se défendre par elle-même, était sans appui et qui pis est sans direction. L'évêque (1), son seigneur, était absent, *in remotis agens*, comme d'habitude. N'étant pas pourvue de consulat, son administration intérieure, municipale, était aux mains des prudhommes de la cité (*probi homines universitatis Tutellensis*). Ce conseil, trop nombreux pour adopter des résolutions promptes et les suivre avec énergie, se divisa dans les délibérations. De mauvais conseils impressionnèrent le peuple. Quatre citoyens des plus marquants se remuèrent pour décider les habitants à se rendre afin d'éviter un désastre certain, le meurtre, le pillage, la ruine. Ces conseillers prudents se nommaient Jean de Besson (2), Guillaume de Boussac,

(1) L'évêque se nommait Bertrand de Cosnac. Il exerça cette charge de 1372 à 1376, mais il ne paraît pas qu'il ait visité sa ville épiscopale.

(2) D'une ancienne maison noble qui ne tarda pas à s'éteindre et dont le nom fut relevé au siècle suivant par la famille Rogier, de Turenne, à la suite de l'alliance de Jeanne de Besson avec Arnaud Rogier.

Jean et Raymond de Saint-Salvadour frères. Ce n'est pas sans étonnement que nous lisons ces trois derniers noms, déjà mentionnés. Ceux qui les portaient témoignaient d'une singulière versatilité. Trois ans avant, ces mêmes personnages avaient négocié la soumission de la ville au roi de France et avaient été anoblis pour ce service. Ils agirent plutôt par pusillanimité et par ruse. La nécessité commandait, le secours espéré ne venait pas. A tout prendre, il ne s'agissait, comme à Maumont, que de laisser entrer l'armée pour se reposer et de lui fournir des vivres afin qu'elle pût continuer sa route. Le péril passé, la ville redeviendrait maîtresse de ses sympathies. D'autres citoyens, au contraire, paraissent avoir prêché une énergique résistance. Ils disaient que les Anglais ne pourraient s'arrêter longtemps, qu'ils n'avaient encore pris aucune ville depuis leur débarquement, que du Guesclin n'était pas loin... Mais le connétable ne donnait signe de vie. Nous l'avons laissé à Troyes à la fin de septembre, nous n'en entendons plus parler depuis, quoiqu'il soit certain qu'il suivait l'armée anglaise. La voix de ceux qui voulaient que la ville sauvât l'honneur, gardât sa fidélité même au prix du danger, ne fut pas écoutée. Le duc de Lancastre et Jean de Montfort furent reçus dans ses murs.

Ces faits doivent se placer vers la fin du mois de novembre. Les documents ne nous permettent pas de mieux préciser : nous n'avons pas d'autres détails. Le duc prit-il possession effective de la ville, y établit-il une garnison ? Nous ne le pensons pas, car lorsque la région fut bientôt après reconquise par le duc de Bourbon il ne fut pas jugé nécessaire d'user de la force pour ranger cette ville à l'obéissance.

Le document où nous prenons ces informations et dont nous parlerons plus amplement, énonce que ceux qui avaient livré la ville s'occupèrent, aussitôt après le départ de l'armée anglaise, de la remettre sous la main de son suzerain légitime.

Cette reddition fit néanmoins de l'impression dans les environs. Le seigneur de Favars (château à deux lieues de Tulle) céda aux mêmes craintes que le seigneur de Maumont. Il se nommait Guillaume de l'Echameil [1]. Dès qu'il connut la prise de Tulle, il quitta son château avec sa femme et ses enfants, le laissant à la garde de Pierre Gaydel, écuyer, son cousin, qu'il y établit comme capitaine en lui donnant l'autorisation de faire soumission aux Anglais. Pierre Gaydel se hâta d'y recevoir les partisans de Lancastre. Toute attaque fut ainsi évitée. Mais l'armée passée, Pierre Gaydel invita ceux qu'il avait recueillis à se retirer [2].

Le château de Sainte-Ferréole, qui appartenait à l'évêque de Tulle, se trouvait aussi sur la route de l'armée. C'est là que s'était retirée la dame de Maumont avec ses enfants. Le pennon d'Angleterre y fut posé par le capitaine, sans doute français, au service de l'évêque. Jacques de Pencoedit [3], chevalier breton, délégué par du Guesclin et qui suivait les Anglais, demanda l'entrée du château qui ne lui fut pas refusée, mais le capitaine accorda la même entrée à une troupe de

---

(1) L'Echameil était une seigneurie, paroisse de Laval (canton de Lapleau, arrondissement de Tulle). Guillaume était devenu seigneur de Favars par son mariage avec Galienne de Favars, fille et héritière de noble Bertrand de Favars.

(2) V. aux Pièces justificatives.

(3) Jacques de Pencoedit (*al.* Penhoadic) fut l'objet d'un mandement de Charles V, du 1er juillet 1371. D'après une note de M. Léopold Delisle, ce chevalier aurait été député par le roi de France auprès du roi de Gozel (pays d'Afrique appelé Gozola sur les anciennes cartes). *Mandements de Charles V*, p. 405.

l'armée de Lancastre. Une échauffourée s'en suivit et un serviteur de Jacques de Pencoedit fut tué [1].

Le gros de l'armée, avec le duc, s'était dirigé sur Brive. Là, le duc fut accueilli sans difficulté.

Nous pensons que c'est à ce moment que Lancastre et Montfort se séparèrent à la suite d'une discussion bien peu digne de ces deux princes [2]. Lancastre demanda à son compagnon de contribuer à la solde de l'armée. Celui-ci, ne pouvant le faire, fut congédié brutalement [3].

Les consuls de Brive tenaient ouvertement

---

(1) V. aux Pièces justificatives. — Sainte-Ferréole, entre Tulle et Brive.

(2) Ce point n'a pas été élucidé. Nous avons déjà dit que l'histoire générale est plus que sobre de détails sur les incidents de la chevauchée. Parmi les historiens spéciaux, dom Morice, sans mieux préciser, rapporte que Jean de Montfort s'était séparé de l'armée anglaise et chevauchait avec soixante hommes d'armes seulement, lorsqu'il arriva devant Sarlat, en Périgord, où par un habile stratagème il mit en déroute une troupe française beaucoup plus forte que la sienne (t. V, p. 120). D'après Daru, Montfort aurait été congédié à peine débarqué sur le continent. (*Hist. de Bretagne*, t. II, p. 153). D'Argentré place la scène après le passage à Troyes (*Hist. de Bretagne*, f° 431, v°), La Fontenelle de Vaudoré énonce que les deux ducs étaient rendus vers Sarlat lorsque se produisit la querelle (*Hist.* d'Olivier de Clisson, t. I, p. 158). Le trouvère Guillaume de Saint-André, serviteur de Montfort et qui a écrit en vers la vie de son maître, est un peu plus précis et semble dire que le duc de Bretagne arriva d'une traite et dans la même journée devant Sarlat, après que Lancastre l'eut traité si discourtoisement (Le libvre du bon Jehan, duc de Bretaigne, vers 2002-2135, dans la Collection des Documents inédits publiés par l'Etat). — La question peut être serrée de plus près. Jean de Montfort assista au siège et à la prise de Tulle. Le fait est certain, attesté par le procès-verbal de la séance de la Cour des Pairs à la suite de laquelle fut prononcée la confiscation du duché (9 décembre 1378). C'est un des griefs articulés contre le duc : « ... Passa par Champagne, Bourgogne, Auvergne, cuida prendre Moulins, viola l'église de Saint-Leu et depuis en Limosin, fut devant Tulles... » (Godefroy, *Le Cérémonial françois*, t. I, p. 134). Il ne dut pas être présent au fait de Brive. La reddition de Brive eut beaucoup plus d'importance et de retentissement que la prise de Tulle. Il serait fait mention de son assistance dans l'énumération de ses actes de félonie. Donc, certitude que Montfort était à la prise de Tulle, grande probabilité qu'il se sépara aussitôt après de Lancastre, et se dirigea à marche forcée sur Sarlat.

(3) Siméon Luce (Froissart, t. VIII, p. CII), croit que la question de l'occupation du Limousin, « sur lequel Montfort élevait des prétentions » eut part à cette querelle. Cette appréciation suggérée sans

le parti anglais. L'un d'eux, nommé Raymond Fadet, était à la tête de ce mouvement. Un de ses collègues, Gui de Clergor (ou Clergoit), paraît aussi l'avoir favorisé. Brive s'était pourtant soumise au roi de France, avait reconnu sa suzeraineté, depuis l'appel des seigneurs gascons, mais des lèvres seulement. L'armée française qui poursuivait Lancastre l'ayant devancé avait réclamé l'hébergement, comme partout sur son passage. Les portes de Brive restèrent fermées devant les Français. Au contraire, elles s'ouvrirent avec empressement quand Lancastre se présenta. On était alors aux premiers jours du mois de décembre [1].

Le duc de Lancastre séjourna quelque temps à Brive. Le résultat de sa chevauchée ne le satisfaisait guère. Il eut volontiers accepté la paix, il la désirait. Il manda Bertrand de Maumont qui était toujours à Turenne et l'invita à venir le trouver à Brive. Malgré le voisinage, l'invité n'obéit pas à l'appel. Le duc lui dépêcha alors le capitaine anglais Bernard de la Salle, avec une recommandation plus pressante et des lettres de

---

doute par le passage précité de l'*Historia Tutelensis*, est erronée sur plus d'un point. Le Limousin et la vicomté sont choses distinctes. L'armée ne mit pas le pied sur le territoire de la vicomté, sis en dehors de sa route. La querelle eut lieu après la prise de Tulle et non en entrant sur le sol limousin.

(1) Ces faits résultent des lettres de rémission accordées plus tard à la ville de Brive. — V. aux Pièces justificatives. Les historiens locaux qui ont, les premiers, parlé de ces faits les ont dénaturés. Leymonerie (*Histoire de Brive*, p. 78) croit qu'au mois de juin 1374, Lancastre aurait pris la ville de Limoges, malgré les efforts du duc d'Anjou. L'armée française, après cet insuccès, se serait repliée sur Brive dont les habitants, effrayés par le désastre de Limoges, auraient refusé de la recevoir. Lancastre s'étant ensuite présenté, il aurait été accueilli. — Marvaud suit Leymonerie. Il est même plus précis et donne plus de détails. Lancastre serait entré à Brive, par la porte de Barbecane, le 30 juin 1374. (*Histoire du Bas-Limousin*, t. II, p. 215). — Nous avons déjà rectifié ces anachronismes et ces inventions.

sauf-conduit qui lui garantissaient sa sûreté à l'aller et au retour. Bertrand de Maumont se rendit alors à Brive. Le duc voulait l'entretenir, principalement pour le charger de prier le pape Grégoire XI de ménager un arrangement entre l'Angleterre et la France. Ainsi le raconte Bertrand de Maumont qui assure s'être retiré de Brive sans avoir traité d'aucun autre sujet [1]. Il était du reste qualifié pour faire entendre sa voix auprès du Pape. Les Roger étaient originaires de la châtellenie de Maumont et anciennement de son vasselage. La dame de Maumont, fille du capitaine des gardes du palais papal, était sœur du cardinal Hugues de Saint-Martial et de l'archevêque de Toulouse. Quant à Jean de Maumont, fils aîné de Bertrand, par son alliance avec Hélène d'Aigrefeuille, il était parent de Grégoire XI [2].

Bertrand de Maumont put apprendre à Brive les événements qui venaient de se dérouler en Bas-Limousin. Craignant pour la sécurité de sa femme et de ses enfants restés à Sainte-Ferréole, il s'y rendit pour les voir et les retirer des mains des Anglais. A cet effet, il écrivit à Bernard de la Salle, le priant de les faire conduire en un lieu plus tranquille ou de leur donner un sauf-conduit pour s'éloigner. Bertrand de la Salle se montra galant chevalier et ramena lui-même la dame de Maumont avec ses enfants dans son château de Maumont [3].

Lancastre quitta Brive y laissant une petite garnison, 25 hommes d'armes et 25 archers, traversa le Périgord et arriva à Bordeaux vers la fin de l'année [4].

---

(1) Voir aux Pièces justificatives.

(2) Baluze, *Vie des Papes d'Avignon*, t. I, pp. 963 et suiv., 1012 et suiv., 1309 et suiv.

(3) Voir aux Pièces justificatives.

(4) Le chanoine Tarde, dans sa Chronique de l'Eglise de Sarlat,

Il avait piteusement mené cette campagne, faisant beaucoup de mal sur son passage, mais sacrifiant une belle armée sans gloire ni profit, la soumettant à des fatigues outrées, aux plus cruelles misères, même aux souffrances de la faim. Il n'avait pas livré une seule bataille, n'était pas entré dans une seule ville d'importance, et de ses vingt ou trente mille hommes, il lui restait à peine le quart en arrivant à Bordeaux ; son énorme matériel de guerre était semé sur les routes, plus de cinq cents chevaliers marchaient à pied, presque tout nus, quelques-uns mendiaient pour vivre (1).

Les Anglais partis, Bertrand de Maumont, Guillaume de L'Echameil et sans doute d'autres seigneurs qui s'étaient aussi courbés sous l'orage,

---

qu'on s'attendrait à trouver bien renseigné, est fort inexact sur ce chapitre. Il y a lieu de résumer son récit à titre de curiosité : Le duc de Lancastre suivi par l'armée française aurait avancé de Poitou en Périgord, serait arrivé à Bergerac, et de là monté le long de Dordogne et Vézère jusqu'à Brive qu'il prit vers la fin de novembre. De Brive il aurait envoyé sommer Sarlat de se rendre, mais les Sarladais méprisèrent la menace sachant du Guesclin à Montignac. Celui-ci arriva en effet devant Sarlat le 3 décembre. D'autres troupes s'y trouvèrent aussi au nombre desquelles le duc de Bretagne avec 400 hommes. Lancastre, averti de ce déploiement de force, prit son chemin par le Limousin et s'en retourna en Poitou où fut donnée une grande bataille après laquelle cette province appartint au roi de France (Chronique de J. Tarde, p. 139). — Cela ne tient pas debout, tous les faits sont brouillés. Le duc de Bretagne ne fit pas cause commune avec le connétable. Lancastre ne traversa le Poitou ni une, ni deux fois, se rendit directement de Brive à Bordeaux. Quant à la bataille de Chizé dont il est évidemment question, elle avait eu lieu huit mois auparavant, au mois de mars. — Dessalles, *Hist. du Périgord*, t. II, p. 302, donne une autre version de la chevauchée du duc de Bretagne tout aussi inexacte quant à la date et quant aux faits.

(1) Froissart-Luce, t. VIII, p. 170 ; *Les Grandes Chroniques*, t. VI, p. 340. — Froissart rapporte que sur leur route, notamment en pauvre pays comme le Limousin, les plus grands de l'armée passaient des cinq ou six jours sans manger de pain. L'historien anglais Walsingham en dit autant : « *...milites famosos et nobiles, delicatos quondam et divites... ostiatim mendicando, panem petere, nec erat qui eis daret...* ». — *Historia brevis ab Edwardo primo...* p. 187.

s'empressèrent de réparer leur faute dont ils redoutaient du reste la peine. Ils rentrèrent en l'obéissance de Charles V, firent soumission à ses officiers. Mais le roi avait déjà sévi, confisqué les biens des traîtres et en avait fait don à des serviteurs plus fidèles. Il est vrai que si la punition était prompte, le pardon suivait presque toujours de très près le repentir [1].

Tulle ne s'était pas livrée à proprement parler, n'avait pas reçu garnison. Les habitants étaient restés passifs, n'avaient pas renié la suzeraineté française. Du moins il en fut jugé ainsi par le duc d'Anjou et Charles V. Lancastre avait à peine quitté Brive que ceux-là même qui avaient déterminé la défection, se donnèrent aussitôt beaucoup de mouvement, s'imposèrent de grands frais, bravèrent même des dangers pour effacer cette tache et remettre les choses en l'état normal.

Néanmoins, Charles V avait confisqué leurs biens pour crime de lèse-majesté et donné ceux de Jean de Besson et de Guillaume de Boussac à Pierre de Symon, Hélie de Lespicier, Anictos de

---

(1) Nous publions aux Pièces justificatives les lettres de confiscation contre Pierre de Maumont. — Gui d'Aubusson, prisonnier des Anglais, avait chargé son neveu Pierre de Maumont de vendre une partie de sa terre pour payer sa rançon. Pierre, convoitant ces héritages, négligea volontairement de remplir le mandat et Gui d'Aubusson mourut en captivité. Après sa mort, Pierre se fit reconnaître frauduleusement par la veuve et les enfants mineurs 400 livres de rente et se fit adjuger des terres de la succession à due concurrence. Il embrassa le parti anglais et Charles V frappa de confiscation lesdites terres et les donna au fils du défunt prisonnier. Le félon étant revenu à son devoir, la confiscation et la donation furent mises à néant. Mais en 1373, il trahit encore en livrant ses châteaux au duc de Lancastre. Le roi confisqua les biens à nouveau et les rendit au même bénéficiaire. Toutefois, ce qui peint bien le caractère de Charles V, il se réserve dans ces lettres de pardonner encore et d'annuler la donation si le coupable vient à résipiscence. — Nous n'avons pas les lettres de confiscation contre les autres félons, mais leur é nission est établie par les lettres de grâce.

Maizenac et André de la Font [1], ceux des frères de Saint-Salvadour (Jean et Raymond) à Guillaume de la Beylie [2]. Ces donataires avaient eu sans doute le mérite, quoique sans succès, de s'opposer à la défection, en tout cas, ils n'y avaient pas coopéré.

La ville de Brive avait été beaucoup plus coupable, aussi la répression fut-elle très dure, exemplaire. Dès le mois de janvier, Charles V usait de sévérité vis-à-vis du consul Raymond Fadet qui s'était « notoirement montré ennemi du Roi, désobéissant et rebelle et soutenait dans la ville de Brive le parti des ennemis. » Tous ses biens étaient confisqués et donnés à Nicolas de Villiers et à Pierre Tabari, ce dernior limousin et frère du secrétaire du roi [3]. La ville, personne morale, et tous ses habitants, en leur privé nom, furent ensuite frappés des peines de la forfaiture. Les franchises et privilèges communaux furent supprimés, le consulat aboli, les biens des consuls et des citoyens déclarés la propriété du roi [4]. En outre, ordre fut donné aux troupes françaises de reprendre la ville par la force. Le duc d'Anjou manda au duc de Bourbon et au capitaine Jean de

---

(1) La famille de Symon ou de la Symonie est connue à Tulle dès le XIIIe siècle. — Hélie de Lespicier était peut-être un fils de Durand, anobli en 1370. — Nous ne savons rien de la famille de Maizenac et nous n'avions jamais rencontré ce singulier prénom d'Anictos. — Le nom de la Font est des plus communs. André de la Font n'a laissé aucune autre trace.

(2) Guillaume de la Beylie (mal traduit *de Baillicia* par la chancellerie royale) doit être l'anobli de 1370.

(3) Lettres de Charles V, du 26 janvier 1373 (v. s.). — Il y est dit que Pierre Tabari avait « moult et grandement perdu de ses biens et soutenu plusieurs grands dommaiges pour le faict des guerres es parties de Lymousin. » Pièce publiée dans les *Archives historiques de la Corrèze*, p. 186.

(4) Nous n'avons pas retrouvé les lettres du roi et nous n'en connaissons pas la date précise, mais elles sont rappelées dans les lettres de rémission dont il sera question tout à l'heure.

Beuil de s'avancer à cet effet vers le Bas-Limousin. Il devait se joindre à eux, mais il en fut empêché par la maladie.

Le duc de Bourbon avec ses Bourbonnais, Jean de Beuil avec ses Angevins, les sires de Château-Morant et de Chalençon n'arrivèrent en vue de Brive qu'au mois de juillet. Je laisse la parole au vieux chroniqueur qui récite les faits d'après le témoignage d'un de ces capitaines [1] :

« Le duc Loys de Bourbon [2] qui apperceut Brives la feit assiéger et luy mesme establit les gens en leur endroict et s'alla loger es Cordeliers devant la porte, et feit dire le duc à ceux de Brives qu'ils rendissent la ville et baillassent le traître qui l'avoit rendue aux Angloys, lesqueux ne voulurent obéir au duc. Et en ce parlementois du traicté, les Anglois tirèrent des fleiches et blessèrent les gens du duc; et sur ce commença l'assault et fut commencé fort et aspre du costé du duc de Bourbon, et de l'autre cousté des Angevins; lequel assault fut fort grand et dura trois heures; et y fut moult vaillant homme le sire de Chalençon, et bien le furent les Angevins, pareillement les Bourbonnois, et fièrement se défendirent ceux de Brives; mais au fort on rompit le pont; si vint l'on dessoubs la porte, où il ot fait de belles armes ; et feit le duc dresser un estaudis que de la tour on ne pouvoit blesser ceux qui assailloient la porte ; et tandis qu'à force on rompoit la porte, monta Jean de Chastel-Morant qui portoit le pennon du duc de Bourbon, sur une fausse braye, où il n'avoit pas à monter sur les murs plus de cinq pieds, et là un fauconnier du duc apporta uns degrès qu'on

(1) Jean de Château-Morant, d'après les mémoires duquel Cabaret a écrit sa chronique.
(2) Beau-frère de Charles V, 1337-1410.

meit sur la fausse braye à monter au mur, par où entra le pennon au duc de Bourbon, et celui qui le portoit et maints autres après luy. Ce véans les Anglois se meirent en deffence, mais bien veirent que poy estoient pour eux tenir ; et feurent si oppressés que plus ne se peurent deffendre. Lors pour garentir leurs vies, s'enfuyrent en l'église. Adonc de tous lez entrèrent gens d'armes à force. Si fut prise Brives-la-Gaillarde et mis à l'espée tous les Anglois que l'on y trouva, et ouvrit-on la porte de Brives où entra le duc de Bourbonnois, qui feit crier que nul ne pillast les églises, et que les traîtres luy feussent amenés, auxquels il feit coupper les testes. Lendemain se partist [1]. »

La prise de Brive eut lieu aux environs de la Sainte-Madeleine, 22 juillet, peut-être ce jour même [2].

Le duc de Bourbon, laissant quelques soldats à Brive, « pour qu'on ne la pillast », alla en effet rejoindre le duc d'Anjou. En se dirigeant sur

(1) La *Vie de Louis, duc troisième de Bourbon*, par Cabaret d'Orronville, p. 120. *Panthéon littéraire*, t. II. — Les historiens locaux, Leymonerie, Jean et Jean-Baptiste Serre, Marvaud, etc., qui ont parlé de ces événements, ont commis des erreurs, ainsi que nous l'avons déjà signalé. Marvaud donne l'honneur de l'assaut et de la prise de Brive au duc d'Anjou qui était loin de ces parages. Leymonerie rapporte qu'un des consuls de la ville, nommé Maistre, qui commandait la milice bourgeoise, fut tué dans l'attaque et que les vainqueurs se livrèrent sans mesure au pillage et au massacre. Le traître qui avait ouvert la porte, dite Barbecane, à Lancastre, fut décapité sur l'endroit et la porte murée. Le duc d'Anjou ordonna de surseoir aux autres condamnations à mort, mais le sieur de Talleyrand qui commandait dans la ville ne fit pas cesser les excès de la soldatesque. Leymonerie n'indique pas ses sources. Le rapport de Cabaret laisse de côté quelques détails, mais il est certainement plus exact dans son ensemble, et nous croyons qu'il y a lieu de s'y tenir. (V. *Archives historiques de la Corrèze*, pp. 201-208). Même pour des compilateurs insoucieux des sources manuscrites, il était aisé de recourir à ce récit original plusieurs fois imprimé depuis 1612.

(2) Les lettres de rémission disent que la rébellion de Brive prit fin vers la fête de sainte Madeleine. Leymonerie et Marvaud assignent à la prise la date du 22 juillet.

Martel, en Quercy, il rencontra à une heure de Brive un corps d'Anglais auquel il infligea une sanglante défaite [(1)].

Les mesures de rigueur continuèrent contre les habitants de Brive. Les principaux traîtres, parmi lesquels les consuls, furent traduits en justice, condamnés et exécutés à mort [(2)]. Par des ordonnances qui suivirent de très près l'exploit du duc de Bourbon (4 et 5 août), Charles V distribua des sommes importantes à prendre sur les biens confisqués des consuls et habitants de Brive [(3)]. La ville resta ainsi de longs mois en état de mort civile. Mais déjà elle regrettait sa faute et faisait intercéder auprès du roi chez qui la sévérité était si voisine de la miséricorde.

---

(1) Cette troupe anglo-gasconne se dirigeait vers Brive pour y rentrer. La *Vie de Louis de Bourbon*, p. 121. — M. Chazaud, pour la « Société de l'Histoire de France » a donné une meilleure édition de l'œuvre de Cabaret. Je ne l'ai pas sous la main. Le texte en est plus correct, mais dans cette partie, le récit des faits reste le même.

(2) Ces faits résultent des lettres de rémission. Marvaud (II, 216), qui semble transcrire un ancien manuscrit, dit : « Le lundi 25 juillet, le consul Baudran et les siens accolytes furent condamnés à avoir la teste tranchée, et leurs corps mis en question au pilory establi en la porte Barbecane qui fut murée en souvenir de trahison. Lesdits criminels furent conduits devant la porte, estant en chemise, la corde au col, leurs testes mises à la pointe d'une lance sur le rempart et les autres quartiers pendus à des gibets ». Les quatre lettres de Charles V, publiées dans les *Archives historiques de la Corrèze* ne parlent pas du consul Baudran, qui fut sans doute celui qui livra la porte Barbecane. Il en résulte toutefois que dès le 4 août, Charles V était informé, à Paris, que Gui de Clergoit, consul et autres consuls et habitants de Brive avaient été livrés au dernier supplice, à Brive, à la suite d'arrêts de justice. — La date du 25 juillet, donnée par Marvaud, peut être exacte.

(3) 4 août 1374. Lettres de Charles V portant don en faveur d'Aymeric de Magnac, évêque de Paris, de 200 l. t. de rente à prendre sur les biens confisqués de feu Gui de Clergoit, consul de Brive, et en cas d'insuffisance sur les biens des habitants. — 5 août 1374. Lettres de Charles V portant don en faveur de Pierre de Norry, chevalier, de 200 l. t. de rente à prendre sur les biens confisqués des consuls et habitants de Brive. — V. ces lettres dans les *Archives historiques de la Corrèze*, pp. 189-192.

Le 15 mars précédent, le seigneur de Favars avait obtenu sa grâce. Il avait été privé par confiscation de 80 livres de rente qui avaient été vendues à son père par le sire de Montrocher. Elles lui furent rendues ainsi que tous ses autres biens au cas où quelque autre partie lui eût été enlevée. Le roi l'affranchit même de tout blâme en déclarant qu'il n'a livré son château aux ennemis que pour empêcher qu'ils ne se portassent à des excès très dommageables pour le pays (1).

Bientôt après, ce fut le tour de Bertrand de Maumont. Sa cause fut plaidée auprès du roi par Adémar d'Aigrefeuille, maréchal de la Cour romaine, qui était du conseil de Charles V. La fille d'Adémar, Hélène, avait épousé le fils aîné de Bertrand. Il semble que Bertrand, de même que son frère Pierre, avait tiré profit des embarras dans lesquels s'était trouvé feu Gui d'Aubusson, seigneur de la Borne, leur oncle. Il lui avait acheté une terre dite de Fouez (dans le comté de la Marche), avec ses dépendances, du rapport de deux cents livres tournois de rente. Après sa félonie, le roi fit don de cette terre au fils du vendeur, nommé aussi Gui d'Aubusson. Cette donation portait sur tous les autres biens de Bertrand, frappés de confiscation. Par lettres délivrées au mois de juillet à Saint-Germain-en-Laye, le roi lui rendit tous ses biens, dont probablement il ne fut jamais privé en fait (2).

Pour Brive, il y fallut plus de façons. Les habitants sollicitèrent leur grâce même avant l'arrivée du duc de Bourbon (3), la ville n'en fut pas moins

(1) V. les lettres de rémission aux Pièces justificatives.
(2) Voir aux Pièces justificatives.
(3) Fait mentionné dans les lettres de rémission.

assiégée et prise et la punition des principaux rebelles poursuivie avec rigueur. L'intervention du pape Grégoire XI auprès du duc d'Anjou, son grand ami, inclina celui-ci à la clémence. Brive reçut son pardon au mois d'octobre, la confiscation fut abolie, les privilèges rétablis et la ville fut autorisée à lever ses octrois comme par le passé, afin de faire réparer ses fortifications. Il faut lire les lettres du duc d'Anjou ratifiées par Charles V au mois de mars suivant[1]. Le ton en est des plus solennels, à la hauteur du crime. « On dirait d'une bulle de la Cour romaine décernant une absolution pour un sacrilège plutôt que d'une amnistie dictée sans doute par la clémence mais aussi par la sagesse politique qui a mérité son surnom à Charles V » [2].

Les citoyens de Tulle, par l'influence desquels cette ville s'était dévoyée un instant de son antique fidélité, ne reçurent leur pardon qu'à la fin de cette année 1375. Ce retard ne saurait être attribué à l'énormité plus grande ou aux conséquences plus graves du forfait. Cette soumission passagère à l'ennemi et qui semble avoir été de pure forme,

---

(1) Voir aux Pièces justificatives. — Bonaventure Saint-Amable, t. III, p. 665, rapporte que Guillaume de Beaufort, vicomte de Turenne, qui était co-seigneur de Brive et n'avait point trempé dans la révolte de cette ville, obtint de Charles V « que les biens fussent rendus aux habitans... selon les patentes qu'en rapporte Justel... qui sont datées du château de Meudon-sur-Seine, le 19 septembre de l'an 1374 ». Mais le bon Père Carme n'avait pas bien lu les patentes. Le vicomte de Turenne obtint seulement du roi la mainlevée de la confiscation en ce qui concernait ses possessions, notamment la tierce partie de la justice haute, moyenne et basse de la ville de Brive qu'il possédait en indivision avec la dame de Malemort et les consuls. (Voir la charte dans l'*Histoire de la maison de Turenne*, par Justel, p. 114). — Les habitants de Brive furent graciés par l'intercession du pape et ne furent réintégrés dans leurs biens et privilèges qu'au mois de mars 1375.

(2) *Archives historiques de la Corrèze*, p. 208.

fut jugée sans portée et n'engagea pas la responsabilité des habitants. Mais il est possible que, par les manœuvres de quelques-uns des personnages compromis, la situation soit restée équivoque et que la ville qui avait répudié promptement l'obédience anglaise ne soit revenue officiellement à la légitime suzeraineté qu'après des délais plus ou moins longs. Une fraction de la ville, sous l'influence d'une minorité de dissidents, a pu se maintenir dans une attitude de rébellion tandis que la grosse majorité s'était déclarée française. Le trouble du temps qui confine à l'anarchie, permet ces hypothèses. Nous avons un acte remarquable qui donne à penser sur ce sujet, ou pour parler au goût du jour, qui présente un caractère très suggestif. C'est un instrument de vente consenti le 27 mars 1374 (v. s.), c'est-à-dire 1375, entre Jean et Raymond de Saint-Salvadour frères (dont il est question ci-dessus) (1) et Martin et Durand de Lespicier, père et fils. L'acte est dressé à Tulle par le notaire Pierre Olier et il contient aux premières lignes cette rubrique : « *régnant le sérénissime seigneur notre seigneur Edouard, par la grâce de Dieu, roi de France et d'Angleterre...* » (2). Dans cet acte très développé, le roi de France est absolument passé sous silence.

Quoiqu'il en soit, la grâce des frères de Saint-

---

(1) Nous avons dit que ces récents anoblis ne prennent pas dans cet acte la qualité de nobles.

(2) « *In nomine domini, amen. Cunctis per hoc presens instrumentum pateat evidenter quod anno domini millesimo trecentessimo septuagesimo quarto die vero vicessima septima mensis marcii, Regnante serenissimo domino, domino nostro Eduardo dei gratia Francie et Anglie rege. in mei notarii... Acte fuerunt hec Tutelle... Et me Petro olerii clerico... auctoritate dicti domini nostri regis notario publico... 27 marcii 1374* ». (Pièce de mes archives). — De 1360 à 1370, en Bas-Limousin, les actes sont généralement au nom d'Edouard, prince d'Aquitaine et de Galles, sans faire mention du roi de France régnant. Après 1370, on commence à trouver quelques actes au nom du roi Charles ; vers 1372, cette formule s'est étendue et bientôt après règne partout. En 1375, la mention du

Salvadour et de leurs complices Jean de Besson et Guillaume de Boussac fut sollicitée auprès du duc d'Anjou par ses « très chers amis » l'évêque de Carpentras, Guillaume de Lestrange, et le vicomte de Turenne [1]. Elle leur fut accordée par lettres délivrées à Saint-Omer le 9 décembre 1375. La ratification du roi intervint au même lieu dans le courant du même mois. C'est dans ces lettres que sont exposés les faits que nous avons rappelés. La ville n'avait été livrée qu'à seule fin d'éviter sa destruction. Ceux qui avaient poussé les habitants à cette défection d'un jour s'étaient empressés, le péril passé, de rétablir les choses en ordre. En conséquence, les confiscations et les donations qui en avaient été la suite sont annulées et les délinquants sont réintégrés dans tous leurs biens et dans leur ancien état, honneurs et bonne renommée [2].

Mais nous devons revenir en arrière, jusqu'aux premiers jours de 1374, lorsque le duc de Lancastre arriva à Bordeaux. Jean de Montfort se réconcilia avec lui : ils oublièrent, paraît-il, dans une grasse vie leurs disputes et leurs déconvenues.

Le pape continuait, sans se décourager, ses démarches en faveur de la paix. Les prélats déjà nommés vinrent trouver Lancastre à Bordeaux, insistèrent auprès de lui pour qu'il envoyât des délégués à Périgueux vers le duc d'Anjou et le connétable qui s'y trouvaient. Quatre chevaliers anglais furent députés. Les pourparlers n'aboutirent qu'à une suspension d'armes de deux mois pour la Guyenne. Cet accord éphémère conclu,

---

principat d'Aquitaine paraîtrait déjà extraordinaire, celle se rapportant à « Edouard, roi de France et d'Angleterre » l'est bien davantage. Je ne l'ai jamais rencontrée dans aucun autre acte de la région, à cette époque. Cette anomalie doit correspondre à des circonstances locales sur lesquelles la lumière n'est pas faite.

(1) Voir aux Pièces justificatives.

(2) Voir aux Pièces justificatives.

Lancastre s'empressa de retourner en Angleterre où il s'attendait pourtant à un froid accueil de la part de son père et de son frère aîné, fort mécontents du résultat de sa campagne. Cette courte trêve prit son point de départ au commencement d'avril et devait durer jusqu'à la fin de mai [1]. Elle était expirée lorsque le duc de Bourbon reprit Brive.

En quittant Brive après la Sainte-Madeleine, le duc Louis remporta encore quelques succès contre les ennemis, s'empara de Martel en Quercy et alla attendre le duc d'Anjou devant Aiguillon qui se rendit aux Français. Ce fut le début d'une glorieuse campagne des deux ducs dans l'Agénois et le Condomois. D'après Froissart, cette armée se serait ensuite saisie des forteresses de Dion, Sébilhac et Auberoche, c'est-à-dire aurait fait une pointe en Périgord, dans la vicomté de Limoges [2].

La région n'était pas purgée des compagnies pillardes et meurtrières. Leymonerie rapporte que vers la fin de cette année 1374, la ville de Brive, malgré sa détresse, dut s'imposer extraordinairement pour les frais d'une expédition contre les garnisons des châteaux de Bar et de Saint-Jal, dans le voisinage de Tulle. Les brigands tant

---

(1) Froissart-Luce, t. VIII, pp. CVIII, 176.

(2) Froissart-Luce, t. VIII, pp. CXI, 180; Cabaret d'Orronville, p. 120. — Rien n'est moins certain que ce retour des troupes françaises en Périgord. La *Vie du duc de Bourbon* n'en parle pas. Froissart, qui laisse beaucoup à désirer pour l'exactitude de sa chronologie et de sa topographie, a mal appliqué, parfois, le nom d'Auberoche en l'attribuant à « une bonne ville fermée qui sied entre Saint-Macaire et La Réole » et se nommait en réalité Caudrot. — Les érudits connaissent la polémique engagée à ce sujet entre M. Ribadieu (*Les Campagnes du comte Derby en Guyenne*) et M. Bertrandy (*Etudes sur les Chroniques de Froissart, 1345-1346*). Il n'est pas douteux, malgré l'opinion de M. Ribadieu, que l'Auberoche de la campagne de 1345 était bien situé en Périgord, vicomté de Limoges. On ne saurait être aussi affirmatif pour l'Auberoche de 1374. — Disons en passant qu'à cette époque, la châtellenie et la forteresse d'Auberoche avaient été séparées, par vente, de la vicomté. Elles furent réintégrées plus tard dans ce grand fief.

anglais que français qui y étaient établis et dévastaient les environs en furent chassés avec perte d'hommes et de butin [1].

L'année suivante, le duc de Bourbon, le connétable et le duc de Berry étant à la Cour, à Paris, celui-ci pria le roi son frère de lui bailler le duc de Bourbon pour une chevauchée en Auvergne et Limousin où il y avait sept ou huit forteresses « qui moult détruisaient le pays ». C'était, en Auvergne : la Roche-Sennadoire, défendue par Robert Knolles, la Roche-sur-Aigueperse, Amburs, Trois-Cr..ix ; en Limousin : Saint-Angel, Charlus-le-Pailloux et Charlus-Champ-Maigeris. Sur l'ordre du roi, le duc partit, traversa son fief du Bourbonnais et alla droit devant la Roche-d'Aigueperse qui fut en un jour prise d'assaut. Amburs ne résista pas davantage non plus que Trois-Croix dont le défenseur nommé Gourdinot, de Saint-Angel, fut fait prisonnier. La Roche-Sennadoire demanda plus d'efforts, mais fut aussi conquise. Ensuite, le duc passa en Limousin. Il y avait à Saint-Angel une abbaye et un château fortifiés. Le duc aurait voulu traiter, attendit tout un jour dans cette espérance, mais la garnison du château n'y voulut entendre. « Or, sur ce on avise que l'abbaye était couverte d'aissil [bardeaux] et firent tirer le feu dedans par plusieurs fusées tant qu'il se prit par tout le moustier de l'abbaye et furent ars tous les chevaux des Anglois et une partie de leurs vallets ». Les gens d'armes se retirèrent dans une tour où ils furent attaqués et « ung chevalier du duc de Bourbon qu'il aimoit bien, nommé messire Jehan

---

(1) *Hist. de Brice*, p. 89. Bar, commune, canton de Corrèze ; Saint-Jal, commune, canton de Seilhac. — Nous n'avons pas d'autres détails sur ces faits que Leymonerie est seul à rapporter.

de Digonne » fut tué. A la fin, les Anglais se rendirent, vies sauves et sortirent un bâton à la main [1].

Le duc se dirigea ensuite sur Charlus-le-Pailloux, dans la paroisse de Saint-Exupéri [2]. Les seigneurs d'Auvergne avaient assiégé cette place durant quatre mois sans pouvoir la réduire. Jean d'Ussel y tenait garnison avec le commandeur de Belle-Chassagne [3]. Le duc établit le gros de l'armée à l'un des côtés du château, les seigneurs auvergnats posèrent le camp de l'autre côté. « Et le premier jour feist faire le duc de Bourbon habillemens sur charrettes, et ceulx d'Auvergne pareillement, auxquels le duc avait monstré la manière, et le second jour fut l'assaut grand et fort par trois fois le jour, par manière qu'on prist la place de plein assaut. Et fut prins dedans le nepveu de Jean d'Uxel, le plus mal homme que l'on peust trouver, et qui plus avoit faict de maux au pays d'Auvergne et que le duc de Berry désiroit plus à avoir. Et parce que le duc de Bourbon lui en feit présent, si fut mis en la tour de Ryon » [4]. Le duc

---

(1) *Vie de Louis de Bourbon*, p. 135. — Disons en passant qu'entre ces deux campagnes du duc de Bourbon, une partie de ses capitaines l'avait quitté pour aller combattre en Prusse, à Marienbourg, au profit de l'ordre teutonique : exode assez étrange dans les circonstances. Parmi ces batailleurs entraînés par le goût des aventures nous trouvons plusieurs noms limousins ou marchois : Gaucher de Passac, qui fut ensuite sénéchal, Robert de Chalus, messire Lhermite de la Fage, messire Jean Bonnevault, etc. *Ibidem*, p. 122.

(2) Canton et arrondissement d'Ussel, château-fort, primitivement Charlus-Ventadour, en dernier lieu Charlus-Chabannes, bâti en 1279 par Ebles III de Chabanes. (*Histoire de la maison de Chabannes*, par le comte H. de Chabannes, t. I, p. 67. — Cet auteur reporte à 1385 l'exploit du duc de Bourbon, mais Cabaret donne expressément la date de 1375.

(3) La commanderie de Belle-Chassagne appartint à l'ordre de Saint-Jean de Jérusalem après la suppression des Templiers. On n'a pas la liste complète des commandeurs et nous ignorons si Ithier de Peyrusse qui avait fait son adhésion en 1369 était encore en charge. En ce cas, il aurait tourné casaque, ce qui n'était pas extraordinaire à cette époque.

(4) Riom, Puy-de-Dôme. — *Vie de Louis de Bourbon*, pp. 135-136. — Nous n'avons pas de renseignements sur Jean d'Ussel, de l'anti-

de Bourbon termina sa campagne par la prise d'un château que son historien nomme Charlieu-Champ-Maigeris [1]. Bérangon de Chérach qui le tenait le rendit sans coup férir et se retira en son pays. Cabaret ajoute que tout le pays d'Auvergne fut ainsi délivré des Anglais et rendu franc au duc de Berry, aussi duc d'Auvergne. Il faut entendre cela du moment, car l'Auvergne, comme le Limousin, devait encore bien longtemps souffrir des déprédations et des cruautés de ces ennemis.

Les légats du Saint-Siège revenaient toujours à la charge, insistaient pour un arrangement. Leurs messagers faisaient la navette entre les deux Cours. Le roi d'Angleterre, assez découragé par les derniers événements, se prête enfin à ces ouvertures. Il décide que le duc de Lancastre se

---

que famille de ce nom, issue des Ventadour, ni sur son neveu. S'agirait-il du fameux Mérigot Marchetz, ce neveu des d'Ussel, routier, chef de pillards qui fit tant de mal en Limousin et en Auvergne et subit la peine de ses crimes en place de Grève en 1391?

(1) Charlieu, c'est Charlus ; Cabaret écrit aussi Charlieu-le-Pailloux. Mais qu'est-ce que c'est que Charlus-Champ-Maigeris ? Il existe dans la commune de Bassignac, canton de Salers, arrondissement de Mauriac, un lieu dit de Charlus qui conserve les ruines d'un ancien château-fort, chef d'une grande terre titrée comté, berceau d'une puissante famille de ce nom dont les droits appartenaient au milieu du XIVe siècle aux Roger de Beaufort-Turenne. Les historiens d'Auvergne estiment que ce château de Charlus est celui que prit en dernier lieu le duc de Bourbon. M. Mazure (*L'Auvergne au XIVe siècle*, p. 127) le nomme Charlus-Champagnagès et Madame la comtesse de Chabannes Charlus-Champaguès (*Dict. du Cantal*, art. Madic), sans doute parce que Champagnac est voisin de Bassignac et que le seigneur de Charlus fut aussi, parfois, seigneur de Champagnac. Au point de vue onomastique, l'assimilation entre Charlus-Champ-Maigeris et Charlus-Champagnagès est un peu forcée : en outre l'itinéraire ainsi assigné au duc de Bourbon n'est pas très plausible. Il est à Charlus-le-Pailloux, éloigné de 20 à 25 lieues de Clermont où il doit revenir et il pousse une pointe prolongée vers le midi qui fait plus que doubler sa route pour s'emparer d'un château qui lui est rendu sans tirer l'épée ! Non loin de Charlus-le-Pailloux était un autre château de la même seigneurie que Charlus-le-Pailloux et qui était chef-lieu de paroisse et se nommait Margeride. Ne serait-ce pas là plutôt le petit fort devant lequel il suffit au duc de Bourbon, rentrant à Clermont, de se montrer pour en prendre possession ?

rendra à Calais pour conférer avec les mandataires du roi de France. Celui-ci consent à envoyer à Saint-Omer le duc d'Anjou pour aider aux négociations. La conciliation n'est pas aisée, de nombreux pourparlers sont échangés, à la diligence des légats, sans amener d'abord d'autre résultat qu'une suspension d'armes (10 février 1375). Enfin, leurs efforts sont mieux servis, et le 27 juin suivant à Bruges, par leur entremise, le duc de Lancastre, pour son père Edouard III, le duc de Bourgogne, au nom de Charles V, signent une trêve qui doit durer jusqu'au 1er mai 1376. Une des conditions de ce traité est la mise en liberté sous caution de Roger de Beaufort (capturé à la prise de Limoges en 1370) et de Jean de la Roche, neveu du dit Roger [1]. Ces deux prisonniers seront renvoyés libres pour un espace de quatre mois, afin de rassembler le prix de leur rançon, à la condition toutefois qu'ils ne pourront pénétrer dans la principauté de Guyenne [2]. Rendez-vous est fixé pour de nouvelles conférences, à la Toussaint prochaine, afin de donner plus d'extension à l'accord.

Dans l'intervalle, le Prince Noir meurt (8 juin). Les conférences se poursuivent, se multiplient. La

---

(1) Froissart-Luce, t. VIII, p. cxxvi. Mais Siméon Luce commet une légère erreur en énonçant que Roger de Beaufort et Jean de la Roche, son neveu, avaient été capturés à la prise de Limoges en 1370. Le compagnon de Roger de Beaufort et de Jean de Villemur se nommait, comme on l'a vu, Hugues de la Roche, et était beau-frère et non neveu de Grégoire XI, de Roger et de Guillaume Roger, dont il avait épousé la sœur. Jean de la Roche était fils de Hugues. D'après Baluze (*Pap. Av.*, 1, 834, il fut fait prisonnier dans un combat en Guyenne, l'an 1377, par le captal de Buch. Mais il y a là aussi une erreur soit de l'auteur, soit de l'imprimeur. Le captal de Buch (Jean de Grailly) était lui-même prisonnier depuis 1372 et il mourut en captivité en cette année 1377. Roger de Beaufort et Jean de la Roche étaient bien en 1377 en Angleterre, à Londres, prisonniers du captal de Buch (*Catalogue des rôles gascons*, t. II, p. 120), mais la captivité de Jean de la Roche par le captal de Buch remontait au moins à 1372.

(2) Le 27 mai 1377, ils étaient encore prisonniers à Londres, comme il appert de cette mention du *Catalogue des rôles gascons*, t. II,

trêve est encore prorogée. Les légats restent sur la brèche, croient un moment pouvoir sceller la paix en mariant le fils du prince de Galles, héritier présomptif de la Couronne d'Angleterre, à Marie, fille du roi de France, mais les difficultés sont insolubles. Charles V aspire maintenant à reprendre jusqu'à la dernière parcelle du sol national. Le pape Grégoire XI a compris que son espérance de mettre fin par le conseil à cette sanglante querelle est chimérique, abandonne la partie, se retire à Rome (20 septembre 1376). La trêve expirée (mai 1377), la guerre se rallume entre les deux pays [1]. Edouard III sent sa gloire éclipsée et sa vie chancelante en célébrant le jubilé de sa royauté. Charles V, dans la force de l'âge et du succès, touche à la réalisation prochaine de ses grands et sages desseins. L'affranchissement du joug étranger ne paraît plus douteux. Mais sa mort prématurée qui suit celle de du Guesclin, renverse toutes les prévisions et la lutte qui allait à sa fin, désormais plus acharnée, plus périlleuse, durera encore près d'un siècle.

---

p. 120 : Sauf-conduit pour Gui de la Roche, archidiacre et collecteur du pape, venant en Angleterre pour la finance de Roger de Beaufort, chevalier, et de Jean de la Roche, chevalier, prisonniers du captal de Buch *(de Podio Bogio)*. Du 27 mai 1377. — Le pape Grégoire XI s'employa beaucoup pour la délivrance des deux prisonniers, l'un son frère, l'autre son neveu. Voir ses lettres sur ce sujet à Charles V, au vicomte de Turenne, au limousin Aymeric de Magnac, évêque de Paris, dans Justel, *Preuves de Turenne*, p. 100.

(1) Froissart-Luce, t. VIII, pp. CXXXV, CXXXIX, CXLI, CXLII, 219 à 229. — C'est le 22 février de cette année que les vicaires généraux de l'évêché, le siège vacant, les religieux, les prudhommes et les notables de la ville de Tulle, réunis au nombre de cinquante, régularisèrent devant notaires leur reconnaissance du ressort, supériorité et obédience du roi de France, qu'ils avaient faite en 1370, mais dont ils s'étaient écartés momentanément en 1373. L'acte est aux preuves de l'*Histoire de Tulle*, par Baluze, app. col. 727-730.

PIECES JUSTIFICATIVES

LA RUPTURE DU TRAITÉ DE BRÉTIGNY
ET SES CONSÉQUENCES EN LIMOUSIN

PIÈCES JUSTIFICATIVES

I

Trahison du vicomte de Comborn. — Le château de Rochefort aux Anglais. — Le capitaine Chamoin de Badefol et le comte de la Marche. — 1368-1372.

Ecritures dans le procès entre Jacques de Bourbon, comte de la Marche, et Jean de Comborn, vicomte de Comborn et seigneur de Treignac, au sujet de la propriété du chateau de Rochefort. — Vers 1440.

(pièce inédite)

« *Articles par fais contraires pour hault et puissant seigneur Monseigneur le comte de la Marche, deffendeur,*

» *Contre messire Jehan, seigneur de Treignac, demandeur.*

» C'est la demande pétitoire que dit et baille par escript par devant vous Messeigneurs tenant le parlement du Roy Nostre Sire en ceste ville de Poictiers noble et puissant seigneur Jehan vicomte de Combor, seigneur de Treignat et de Rochefort, escuier, demandeur à l'encontre de Noble homme Messire Jehan Braschet, chevalier, seigneur de Perusse.

. . . .

» Item dit oultre le dit deffendour pour ses deffences que feu Messire Archambaud, dont ledit demandeur a voulu parler, fu jadis viconte de Combor et seigneur du dit chastel, chastellenie, terre et seigneurie de Rochefort, à présent contentieuse, et de ce le dit deffendeur est bien d'accord avec icellui demandeur.

» Item que le dit Messire Archambault estant seigneur du dit chastel de Rochefort, lequel il tenoit du Roy, et le dit demandeur le confesse bien le vendi aux Angloys anciens ennemys du Roy et du Roiaulme estants pour lors au paÿs de Guyenne et le bailla et délivra à un nommé Chamoin de Badefoul, angloys et à ses compaignons.

» Item et par ce moyen commist le dit feu Messire Archambault félonie envers le Roy son souverain seigneur et seigneur féodal et avec ce crime de lèze majesté, par quoy son corps et ses biens furent tous forfaiz et confisquez envers le Roy (1).

» Item que, à l'occasion de ce survendrent plusieurs maulx et inconvéniens au Roy et à la chose publicque de son royaulme et à ses subiectz, car le dit Badefol, anglois, et ses dits compaignons du dit chastel de Rochefort en fors firent plusieurs courses es paÿs de Limosin, d'Auvergne, de la Marche et autres paÿs voysins subiects et obéyssans au Roy.

» Item et en ce faisant le dit Badefol, angloys et ses compaignons, prenoient les subiects du Roy à prisonniers et les rançonnoient, boutoient feu, ravissoient femmes et faisoient

---

(1) A la suite de sa félonie, Archambaud se retira à Avignon où il mourut. Après la vente faite à Badefol il avait vendu la vicomté de Comborn et tous ses biens à Guichard V de Comborn, seigneur de Treignac, son parent, père du demandeur. — Ces renseignements sont fournis par le mémoire, dont nous ne publions que les parties afférentes à notre sujet. — Nadaud (*Nobiliaire*, t. I, p. 407) place vers l'année 1374 la vente faite à Guichard V. Il est vraisemblable qu'elle eut lieu plus tôt, vers 1370.

autres maux innumérables que telz ennemis de ce royaulme ont accoustumé de faire, tellement que à ceste occasion et des autres places que les dits Angloys occupoient pour lors au dit païs de Limosin, icelluy païs et autres circonvoisins et en espécial le dit païs de la Marche furent destruiz et dépopulés.

» Item que pour pourvoir au dit inconvénient et à la dite délivrance des dites places tenues et occupées par les dits Angloys, le Roy qui lors estoit fist son lieutenant général au dit païs du Limousin feu de bonne mémoire Monseigneur Messire Jehan de Bourbon, conte de la Marche, de Vendôme et de Castres et seigneur de plusieurs autres belles terres et seigneuries (1).

» Item et donna le Roy charge enpresse au dit feu Monseigneur Messire Jehan de Bourbon qui estoit ung très vaillant chevalier de mectre siège par devant lesd. places occupées par les dits ennemys, de les réduyre à son obéyssance et icelles conquester en toutes les mains qu'il pourroit affin que son peuple et ses subiects fussent délivrés des griefs que leur faisoient les dits ennemys.

» Item que le dit feu Messire Jehan de Bourbon, comte de la Marche, pour obéyr au Roy, print la charge de la dite conqueste et se gouverna si vaillamment que tant par sièges et mesmement à grans fraiz mises et despens il recouvra plusieurs des dits chasteaulx et forteresses occuppées par les dits ennemys au dit païs de Limosin et à l'environ.

» Item que entre autres places icellui feu Monseigneur Messire Jehan de Bourbon, conte de la Marche recouvra le dit chastel, chastellenie, terre et seigneurie de Rochefort et le délivra des mains des dits Angloys qui le tenoient et occupoient... comme dit est.

» Item mais ce ne fut pas sans grans fraiz et mises du cousté du dit feu Messire Jehan de Bourbon, conte de la Marche, car le dit chastel de Rochefort estoit lors très fort et si y avoit

(1) Il fut nommé lieutenant général au retour de l'expédition de Castille dont il était le chef nominal, c'est-à-dire en 1367 ou 1368.

dedans grosse garnison d'Angloys, par quoy il estoit impossible de le povoir légièrement recouvrer par force ni par siège.

» Item, et pour raison de ce, que feu Messire Jehan de Bourbon conte de la Marche, lequel avoit prins à prisonnier le cappitaine du dit chastel de Rochefort, angloys, le mena devant icelluy chastel auquel il mist le siège et fist tant que à la parfin moyennant la somme de deux mille escuz d'or qu'il bailla content aux dits Angloys de ses propres deniers et par ce qu'il délivra le dit cappitaine sans payer aucune finance, les dits Angloys lui rendirent le dit chastel de Rochefort et s'en allarent.

» Item et par ces moyens, le dit chastel et chastellenie de Rochefort compecta et appartint dès lors au dit feu Monseigneur Messire Jehan de Bourbon, comte de la Marche et à ce titre en joy paisiblement par très longtemps y mist et institua cappitaine pour lui un nommé Barrechin et autres à ses gaiges et luy cousta beaucoup à garder et plus qu'il ne luy en eut cousté en achapt.

» Item et la rayson y est bonne, car pour l'occupation du dit chastel de Rochefort, faicte par les ennemys comme dit est, en la terre et chastellenie du dit Rochefort que au païs d'environ n'avoit aucuns habitans, ainçoys estoit tout le païs destrit et dépopulé pour la guerre et par ce n'avoit au dit chastel et chastellenie aucunes revenues dont le dit feu Monseigneur Messire Jehan de Bourbon eust peu pourvoir à la garde d'icelluy qui estoit en frontière... »

[Le surplus de ces écritures très développées relatant des événements postérieurs à notre sujet peut être résumé :

Le château de Rochefort étant une charge plutôt qu'un profit, Jean de Bourbon s'en débarrassa honnêtement en en faisant don à un de ses serviteurs, nommé Parrocan de Mont, qui le posséda certain temps paisiblement. Celui-ci n'y trouvant pas son avantage le rendit au donateur qui en jouit de rechef jusqu'à sa mort (1). Sa veuve Catherine de Vendôme, puis leur fils aîné Jacques, comte de la Marche qui fut roi de Sicile le possédèrent sans contradiction.

(1) Il mourut en 1393.

Jacques de Bourbon en fit don au seigneur de Château-Morant, qui le tint un certain temps et le donna à son tour (ou le roi Jacques de son consentement) à un nommé Tiercellet d'Echelles (neveu du dit Château-Morant). Tiercellet le posséda longtemps paisiblement et y mit pour capitaine le sieur Barrechin, puis il le vendit à Messire Jehan Brachet qui en eut la saisine et possession sans trouble durant des années.

Cependant, au mépris de ces faits de possession longtemps prolongés, le demandeur (Jehan de Comborn) (1) s'empara du château de Rochefort et le fit prendre de nuit et par force sur le dit Brachet et ses gens. Celui-ci intenta l'action de complainte en cas de saisine et nouvelleté et fut réintégré en 1419 par arrêt du parlement séant à Poitiers.

Jean de Comborn porta alors l'action au pétitoire. Jean Brachet étant mort, sa fille Huguette Brachet eut en dot le château et la châtellenie de Rochefort qu'elle apporta à son mari Géraud de Goulard. Le procès repris en 1433 était toujours pendant lorsque Jehan de Comborn s'empara de nouveau par force et violence du château litigieux. De guerre lasse les époux Goulard revendirent le château et la châtellenie au comte de la Marche et celui-ci en garda la possession.

Le procès au pétitoire fut alors suivi contre Jacques de Bourbon (2). Finalement, le château et la châtellenie de Rochefort revinrent à la vicomté de Comborn en vertu d'une revente ordonnée par justice].

(*Original. Rouleau de parchemin Archives du château de Bach*).

---

(1) Après 1415. Guichard V, seigneur de Treignac qui avait acheté la vicomté de Comborn, mourut à la bataille d'Azincourt en 1415. Jean, son fils, lui succéda. Il vécut jusqu'en 1476.

(2) Jacques de Bourbon mourut en 1438. Cette pièce de procès ne doit pas être postérieure à cette date.

II

La chevauchée du duc de Lancastre à travers le Bas-Limousin, 1373. — Itinéraire : Maumont, Gimel, Tulle, Favars, Sainte-Ferréole, Brive.

A. — Lettres de rémission en faveur de Bertrand de Maumont au sujet de la livraison du chateau de Maumont au duc de Lancastre en 1373. — Du mois de juillet 1374.

(pièce inédite)

KAROLUS Dei gracia Francorum Rex. Notum facimus universis presentibus et futuris quod, audita supplicacione nobis exhibita pro parte dilecti et fidelis nostri domini de Malomonte, Lemovicensis dyocesis, asserentis quod, cum nuper dum deux Lencastrie per Lemovicinium, cum sua comitiva, transiret, idem supplicans, qui de novo venerat ad nostram obedienciam, et ob hoc timens de vita si tunc captus fuisset ab hostibus, secure morari timens in loco suo de Malomonte, quem de suo dubitabat se custodire posse contra dicti ducis potentiam, ad locum de Turenna se transtulerit et in loco suo de Malomonte nonnullos suos familiares ad ipsius custodiam reliquerit, ante cujus ducis adventum, qui coram dicto loco suum transitum fecit ; gentesque dictum locum pro dicto supplicante custodiebant ut evitarent dampnum quod ipse dux touta (*sic*) potentia quam habebat potuisset eisdem infere in eodem loco intersignum Anglicorum, penuncellum videlicet sancti Georgii posuerint et eis aliqua victualia gratis et aliqua pro pecunia ministraverint, dicto supplicante semper absente et hec ignorante, et uxore sua et suis liberis ac aliis suis familiaribus in loco de Sancta Ferreola qui est ecclesie Tutellensis existentibus, capitaneusque dicti loci de Sancta Ferreola in quo etiam positus fuerat similis penuncellus, ingressum ejusdem loci dilecto et fideli militi nostro, Jacobo de Pencoedit, qui ingressum hujusmodi, pro parte nostra et dilecti et fidelis connestabularii nostri, qui ipsum cum certo numero gentium armorum ad locum predictum, ad ipsius et habitatorum ejusdem deffensionem, destinaverat, quique Jacobus nonnullos Anglicos de commitiva dicti ducis insequebatur, requirebat, nedum recusavit, verum etiam dictos Anglicos locum predictum intrare permisit et recepit ibidem : in quo etiam facto quidem (*sic*) famulus de commitivia dicti Jacobi occisis fuisse testatur, dicto supplicante absente in dicto loco de Turenna et ignorante premissa; successu vero temporis, predictus dux Lencastrie existens in loco de Briva, eidem supplicanti bis scripserit ut veniret ad ipsum, et, dum venire recusaret, Bernardum dictum de la Sales, capitaneum in illis partibus, pro adversario nostro Anglie, cum litteris de salvo conductu eidem destinaverit, mandans eidem supplicanti ut ad ipsum securo veniret, quod et fecit, et dum ibi fuisset, dictus dux rogaverit eumdem quatenus Sanctissimum Patrem, summum pontificem, pro parte sua rogaret ut vellet facere tractari de pace, quod etiam dictus supplicans asserit et nichil alud (*sic*) se fecisse. Demum, hiis que facta fuerunt in predictis locis delatis ad noticiam dicti supplicantis, idem timens periculum in quo erant dicti uxor et liberi sui in dicto loco de Sancta Ferreola, ad eundem locum se transtulerit et, desiderans se uxorem, liberos et familiares suos, qui erant in dicto loco, dictorum hostium nostrorum exire potentiam, scripserit dicto Bernardo de la Sales ut ipsos per se vel gentes suas duceret ad locum magis tutum, vel eis salvum conductum concedere vellet; quos idem Bernardus ad dicti supplicantis instantiam ad locum suum de Malomonte duxit : nosque nonnullorum innixi relatibus asserencium ipsum supplicantem nostris hostibus adhesisse eisque consilium et auxilium, in nostri et subditorum nostrorum dampnum et preiudicium, prestitisse et alia gravia contra nos commisisse : terram que dicitur de Fouez (1) cum suis pertinenciis, sub

---

(1) Nous ignorons la situation de cette terre qui devait se trouver dans la Marche.

valore ducantarum (*sic*) libratarum terre seu annui et perpetui redditus, quas a deffuncto domino de la Borna legitimo et iusto titulo emerat, domino de la Borna, qui nunc est, dicti deffuncti venditoris filio, aliasque terras ac possessiones dicti supplicantis eidem de la Borna et aliis, tanquam confiscatas nobis propter premissa, concesisse dicimur et donasse; idemque supplicans, qui, ut dictum est, habita noticia juris et iusticie nostre, in guerra presenti, quam nobis dictus noster adversarius suscitavit, nostre se submiserit obediencie nobisque servierit fideliter et gratantur (*sic*), seque offerat iterato suaque castra, fortalicia atque loca nostre obediencie submissurum realiter et de facto, et juraturum quod nobis et successoribus nostris Francie regibus serviet contra quoscunque qui possint vivere et mori, nos eidem super hiis de gracia providere dignemur; nos, hiis attentis et contemplacione dilecti et fidelis militis et consiliarii nostri Ademari de Agrifolio, cujus filiam filius dicti supplicantis habet uxorem, premissa omnia et singula et alia quecunque que probari seu dici possent dictum supplicantem contra nos vel regnum nostrum et subditos exactis fecisse temporibus et egisse, omnem insuper penam criminalem et civilem quas propter hoc vel aliter potuit erga nos incurrisse, eidem supplicanti remisimus de nostris auctoritate regia, certa sciencia et speciali gracia, et tenore presencium remittimus et quittamus, ipsumque ad famam et bona sua predicta et alia quecunque per nos dicto domino de la Borna seu quibusvis aliis data seu concessa, quacumque occasione vel causa, restituimus per presentes, quibus etiam ipsum supplicantem et suos uti et gaudere volumus, prout ante concessiones et donaciones nostras predictas faciebat, pacifice et quiete, salvo jure partis civiliter prosequendo, per hoc tamen quod dictus supplicans predictam submissionem et juramentum nobis faciet modo superius expressato. Quapropter damus presentibus in mandatis universis justiciariis et officiariis nostri regni, presentibus et futuris, vel eorum locumtenentibus et eorum cuilibet ut ad eum pertinuerit, quatenus dictam terram de Fouez alias que possessiones et terras dicti supplicantis per nos datas, ut premittitur, et concessas quibusvis modis vel causis eidem supplicanti restituant seu liberari et restituri (*sic*) faciant, ipsum que et suos heredes et successores seu causam ab eo habituros terris et possessionibus supradictis et nostra presenti gracia uti faciant pacifice et gaudere, nonobstantibus donis et concessionibus nostris predictis et litteris super eis confectis, quas exhibitas nobis submissione et juramento predictis nullius volumus roboris firmitate potiri. Quod ut firmum et stabile perpetuo perseveret, hiis presentibus nostrum fecimus apponi sigillum, salvo in aliis jure nostro et in omnibus quolibet alieno. Datum apud sanctum Germanum in Alaya, anno Domini millesimo trescentesimo septuagesimo quarto et regni nostri undecimo, mense julii. Per regem : Yvo.

(Archives Nationales, JJ. 105, n° 420 f° 215 v°. Trésor des Chartes).

B. — Lettres portant confiscation au préjudice de Pierre de Maumont et don en faveur de Gui d'Aubusson, seigneur de la Borne. — Du mois de mars 1374.

(pièce inédite)

CHARLES, etc., savoir faisons à tous présens et à venir que nostre amé et féal Guy d'Aubuçon, seigneur de la Borne, escuier, nous a exposé que, comme pour le temps de nos autres guerres (1) feu Guy d'Aubuçon, chevalier, iadis son père, eust esté prins, navrez et emprisonnés par nos ennemis en son chastel de Monteil au Viconte avecques sa femme, ses enfans et ses biens, et sa terre et ses subgès gastés et destruis ; et depuis pour paier la somme de trois mille florins à laquele il le convint composer avec lesdis annemis pour la délivrance de lui, sa femme et enfans, et aussi de ses subgès, chastel et terre dessus diz, il eust prié et requis à Pierre de Maumont, chevalier, son nepveu, duquel il se confioit, que il allast en Avignon pour vendre partie de la terre dudit feu Guy à certaines personnes qui avoient de l'achater ; lequel Pierre, qui de ce faire se charge comme procureur dudit feu Guy, se transporta en Avignon ; mais, pour ce qu'il convoitoit à avoir la terre, il ne l'exposa pas en vente, ains s'en retourna sens riens faire ; pourquoi ledit feu Guy, qui par ce ne peust paier sa dicte raençon au jour qu'il avoit premis, et ses subgès sous-

(1) Ce temps n'est pas aisé à fixer. Les généalogistes font mourir Gui d'Aubusson, père, en Angleterre, avant 1364 (le P. Anselme, Moréri, La Chesnaye-Desbois); d'autres écrivains avant 1367 (Nadaud, Pérathon, Thoumieux). Ce dernier place en 1365 la capture de Gui d'Aubusson ; pour Joullietton cet événement serait postérieur à la rupture du traité de Brétigny. Il semble bien d'après des actes rapportés par M. Thoumieux que Gui d'Aubusson père, ne vivait plus le 16 août 1367. On ne connait pas d'incursion des Anglais dans la Marche en 1365. La prise du château de Monteil au Vicomte remonte peut-être à 1356 ou 1357, lorsque la Marche fut ravagée par les vainqueurs de Poitiers. V. *Bulletin des Sciences... de la Creuse*, t. IX, 1895-1896.

tindrent pluseurs très grans dommages parce que lesdis ennemis gastèrent et destruirent toute sa terre asses plus inhumainement qu'ils n'avoient fait paravant ; et si moru ledit feu Guy en ladite prison de nos ennemis ; après la mort duquel ledit de Maumont, disant que il avoit fait certain achast de quatre cens livrés de terre ou de rente dudit feu Guy, induisist ou fit induire frauduleusement la femme dudit feu Guy et feu Loÿs d'Aubuçon, son filz, lors mendre d'ans, à ratifier ledit vendaige ; par vertu de laquelle ratificacion ledit de Maumont, de son auttorité, par sa puissance et de fait, print et occupa quatre cens livres de rente et plus de la terre du dit Loys en la chastellerie de Sannes (1) et aûtre part, en la conté de Marche ; auquel Loys, qui est ales de vie à trespassement sens hoir de son corps, ledit exposant a succédé comme son héritier seul et pour le tout ; et, pour ce que ledit exposant entendoit à faire poursuite par voie de iustice à l'encontre dudit de Maumont pour recovrer lesdites terres, nous le restituasmes en antier par nos autres lettres à demander lesdites terres, nonobstant lesdis vendaiges et contraut ; et avec ce, pour ce que ledit de Maumont tenoit la partie de Edouart d'Angleterre et du prince de Gales, son ainsné fils, nos annemis, par quoy tout le droit que icellui de Maumont povoit avoir esdites terres nous estoit acquis et confisqués, nous ycelles terres et appartenances, pour contemplacion des bons et agréables services que ledit exposant et ses prédécesseurs nous avoient fais, et en récompense des pertes et dommages dessus dis et de ceulx qu'il avoit soustenus pour venir en nostre obéissance, lui donnasmes et octroiasmes de grace especial, perpetuelment, pour luy, ses hoirs et successeurs, sicomme de ces choses il dit plus à plain apparoir par nos autres lettres sur ce faites ; desquelles terres et appartenances ledit exposant, par vertu de nostre dit don, a esté et est en possession et saisine ; et il soit ainsi que depuis nostre dit don et octroy, ledit de Maumont soit, comme l'en dit, venus à nostre obéissance et subiecion, et par ce lui aions rendu et restitué lesdites terres et appartenances et le remis à son estat,

---

(1) Sannes est un hameau de la commune de Mautes, canton de Bellegarde, arrondissement d'Aubusson.

nientmoins, pour le temps que le duc de Lenglastre avecques sa compaignie a derrenièrement chevauchié par le païs de Limozin, ledit de Maumont lui a fait obéissance, a tenu et tient le partie de nos ennemis, auxquelx il a baillié ses forteresses et lieux, en soy desloiautant et rendant nostre rebelle ; par quoy toutes ses terres et biens nous sont derechief acquises et confisquées, s'il est ainsi : et par ce nous ait ycellui escuier humblement supplié et requis que, eue consideration aux choses dessus dites, lui vueillons donner et octroier dereschief et de nous de nouvel, en tant qu'il est mestier pour lui et ses hoirs perpetuelment, tous les drois, rentes, terres, possessions et héritaiges que ledit Pierre de Maumont povoit avoir en ladite chastellerie de Sannes et en ladite conté qui furent dudit feu père dudit escuier, avecques toutes accions et poursuites réelles et personnelles que icellui de Maumont povoit à l'encontre des dis feu Guy, sa femme, enfans, hoirs, successeurs et aians cause, lesquelles nous sont acquises et confisquées pour les causes dessus dites. Pour quoy, nous, ces choses considérées et attendu la loyauté et les services que nous a fais et fait encores chascun jour ledit escuier et espérons qu'il nous face ou temps à venir, à cellui avons de grace especial et de certaine science en ce cas donné et octroié, donnons et octroions par ces présentes derechief et de nouvel, en tant comme mestier li est, tous les dis drois, rentes, terres, possessions et héritages que ledit Maumont souloit et povoit avoir esdites chastelleries de Sannes et conté de la Marche, qui jadis furent dudit feu Guy, ensemble toutes les actions et poursuites reelles et personnelles que icelluy Maumont povoit avoir contre ledit feu Guy, sa femme, leurs enfans, hoirs, successeurs et aians cause, à tenir, posséder et avoir les choses dessus dites et les fruis et émoluments d'icelles cuillir, lever et recevoir par icellui escuier, ses hoirs, successeurs et aians cause hereditablement, comme leur propre chose : en tele condicion que, se ledit de Maumont, par traictié ou autrement, de sa volonté retornoit en nostre bonne et vraie subiecion et obéissance pour y estre et demorer comme nostre loyal subget, et que, pour ceste cause ou pour autre, nous faisions rendre audit Maumont sadite terre et autres choses dessus dites, nous ne soions tenuz de en faire aucune recompensacion audit escuier. Si donnons en mandement à nos amez et feaulx gens de nos comptes à Paris que noz présentes lettres ilz passent et vérifient et au séneschal de Limozin et à tous nos autres iusticiers et officiers, à leurs lieuxtenans présens et à venir, et à chascun d'eulx, sicomme à lui appartiendra, que ledit escuier, ses hoirs, successeurs et aians cause, facent, souffrent et laissent joir et user paisiblement de nostre présent don et grace, et le facent entrer et recevoir en foy et homages des choses dites de nostre amé et féal cousin le conte de la Marche, de qui sont tenues lesdites choses, senz lui faire ne souffrir afaire, contradicion, molestacion, ne empeschement en quelque manière que ce soit; ains s'aucun contredit ou empeschement lui estoit mis, si l'en ostent et facent oster tantost et sans delay. Et, pour ce que ce soit chose ferme et estable à tousiours mais, nous avons fait mettre nostre scel à ces presentes lettres, sauf en autres choses nostre droit et en toutes l'autrui. Donné au bois de Vincennes, au mois de mars l'an de grâce mil CCCLXXIII, et le xe de nostre regne. CHANAC. Par le Roy en ses requestes. S. DE CARITATE.

(Archives Nationales, JJ. 105, pièce 201, f° 117 v°. Trésor des Chartes).

C. — Lettres de rémission en faveur de Jean de Besson, Guillaume de Boussac, Jean et Raymond de Saint-Salvadour, bourgeois de Tulle, au sujet de la livraison de cette ville au duc de Lancastre en 1373. — Du mois de décembre 1375.

(PIÈCE INÉDITE)

KAROLUS, etc. Notum facimus universis presentibus et futuris nos litteras infrascriptas vidisse formam que sequitur continentes : Ludovicus, regis quondam filius, domini mei regis germanus, ejusdem locum tenens in partibus Occitanie, dux Andegavensis et Turonensis, comesque Cenomanensis, notum facimus universis, presentibus et futuris, pro parte Johannis Bessonis et Guillelmi de Bossaco, Johannis de Sancto Salvatore et Raymundi de Sancto Salvatore fratrum, civium et habitatorum civitatis Tutellensis, nobis expositum extitisse quod cum nuper, nonnullis asserentibus nobis veraciter ut dicebant, exponentes predictos dedisse causam revelacioni (1) seu conjuracioni contra dictum dominum meum facte per habitantes dicte ville Tutellensis dum ultimo, videlicet quando dux Lencastrie transivit per partes illas, se obedientie Eddouardi Anglie submiserunt et ob hoc crimen lese majestatis et alia plura crimina, excessus et delicta commisisse ac etiam perpetrasse ; qua propter corpus et bona omnia exponentium predictorum prefato domino meo regi venerant in commissum et sibi erant totaliter confiscata. Nos credentes relatibus supra dictis, Johannis et Guillermi : Petro Symonis, Helie Specierii, Anictos (2) de Maisenaco et Andree de Fonte ; et Johannis et Raymundi predictorum : Guillelmo de Baillivia omnia bona quecumque mobilia et immobilia dedimus et concessimus tenenda per prenominatos et eorum successores perpetuo, tanquam

---

(1) Pour *rebellationi*.
(2) Ce prénom qui peut être aussi bien *Aciclos* ou *Acclos*, nous est inconnu.

rem suam, ipsos exponentes eisdem bonis suis privantes, penitus et omnino. Quas quidem donationes super hoc per nos factas dictus dominus meus rex per suas litteras dicitur confirmasse. Et ita sit, ut asserunt, quod postquam predicta villa primo in istis guerris ultimis ab obedientia prefati domini mei deventa extitit (1), dux Lencastrie cum maximo exercitu armatorum in obsidione ante dictam civitatem existens eisdem habitatoribus minaretur quod, nisi se sibi reddendo et submittendo voluntatem suam adimplerent, ab hujusmodi obsidione nunquam recederet donec ipsam villam et omnis incolas ipsius exterminio perpetuo deputasset. Quod dicti exponentes non immerito formidantes, potissime cum dicta villa non esset tunc ita fortis nec gentibus armorum munita, quod ipsam contra dictum ducem et ejus exercitum tenere et potencie virium suarum pro tunc resistere valerent, iidem exponentes cum aliis habitantibus supradictis ut dicta villa prefato duci redderetur consenserunt. Verumtamen cum hoc fecerint ad majus periculum evitandum ipsique curam dederint et opperam efficaces quod dicta villa prima vice dicti domini mei obedientie se subderet, ob hoc quamplures sumptus misias et expensas de suo proprio faciendo ac etiam sustinendo et adhuc procuraverunt cum aliis habitantibus dicte ville quod dicto domino meo se subiciat de presenti, ad quod prefatos habitantes tam inclinos reddiderunt quod dictam villam, quociens gentes ad hoc idem dominus meus deputaverit et miserit, manibus ipsius liberabant in hujusmodi tractatibus et pro ipsis quamplurimos labores faciendo et corpora sua pluribus periculis propter hoc exponendo, sicut dicunt, nobis humiliter supplicando quod cum premissa veritate nitantur, ipsique nobis quantum potuerunt servierint in premissis, prout per nonnullos de consilio nostro potuimus informari ; nos super hoc, ne perpetuis temporibus ipsi cum eorum uxoribus et liberis remaneant exheredati, clementiam nostram misericorditer sibi impartiri dignaremur. Nos igitur, premissis consideratis et attentis, informati etiam per aliquos consiliarios

(1) Le mot *deventa* est probablement une faute du scribe. Le passage n'est pas clair. Nous savons que Tulle s'était soumise au roi de France en 1370. De 1360 à 1370, elle avait suivi le sort que le traité de Brétigny faisait à la Guyenne.

dicti domini mei et nostros de sincera devotione quam ad dictum dominum meum regem et coronam regni Francie prefati supplicantes gesserunt et adhuc gerunt continue ac etiam de bona diligentia quam ipsi supplicantes ut dicta civitas primo se dicti domini mei regis subderet dicioni, quodque ut ad manus suas deveniat de presenti vires suas exposuerunt et exponunt quotidie, incesserant ut superius est premissum, etiam contemplacione et favore reverendi Patris domini Guillermi episcopi Carpentatorencis, et domini Guillermi vicecomitis Turennensis, dilectissimorum amicorum nostrorum, qui nobis pro ipsis supplicantibus instantissime supplicarunt, eisdem Johanni, Guillermo, Johanni et Raymundo et eorum cuilibet factum et crimina predicta, et si crimen lese majestatis dici censeantur, omnemque penam corporalam criminalem et civilem quam erga dictum dominum meum et nos incurrerunt aut incurrere potuerunt quoquo modo remisimus, quittavimus et indulsimus remittimusque, quittamus ac etiam indulgemus, auctoritate regia et de regie potestatis plenitudine quibus in hac parte fungimur, et de speciali gracia per presentes, ipsos et quemlibet eorumdem ad status, honores, famam, jura et bona quecumque quibus privati fuerunt pro premissis, non obstantibus quibuscumque donacionibus de ipsis prenominatis Petro, Helie, Anicto, Andree et Guillelmo aut aliis quibuscumque factis sub quacumque forma vel expressione verborum et quibuscumque inde secutis, quas et que tenore presentium, quantum possumus, auctoritate potestate et gracia predictis, cassamus, revocamus et etiam annullamus ac nullius decernimus esse roboris vel momenti, restituimus ad plenum bonaque predicta quecumque fient et ad quantamcumque summam ascendant eisdem supplicantibus et cuilibet ipsorum prout sibi antea pertinebant, auctoritate, gracia quibus supra dedimus, concessimus, damusque concedimus per presentes de novo si sit opus tenenda per ipsum et ad se reapplicanda prout ante premissa sibi impertita et commissa faciebant sine innovatione vel immutatione quibuscumque, omnibus procuratoribus et officiariis regis et nostris super premissis omnibus et singulis silencium perpetuum imponendo. Quocirca senescalis Petragorisini, Agennesii, Caturcensi et Lemovicensi ceterisque justiciariis et officiarii regiis et in regno Francie constitutis, presentibus et futuris eorumque locum tenentibus et cuilibet ipsorum ut ad eum pertinerit, tenore presentium mandamus quatenus dictos Johannem et Raymundum, Guillermum, Johannem et eorum quemlibet nostra presenti gracia uti et gaudere de certo faciant et permittant, ipsos aut eorum alterum nullatenus in contrarium molestando, impediendo et perturbando, aut inquietari, pertubari vel molestari permittendo, quin ymo facta in contrarium si que sint ad statum pristinum et debitum reducant aut reduci et bona sua predicta quecumque sibi ablata sive impedita quoquo modo et occasione donacionis seu donacionum predictarum eisdem restitui et liberari ad plenum faciant, visis presentibus indilate, donacionibus predictis in aliquo non obstantibus, et quod in presentibus de valore dictorum bonorum eisdem remissorum et donatorum nulla specialis et expressa mencio habeatur. Quod ut firmum et stabile permaneat in futurum, secreti nostri in absentia nostri magni presentibus litteris fecimus apponi sigillum, jure regio in aliis et alieno in omnibus semper salvo. Actum et datum in Sancto Audomaro, die nona decembris anno domini millesimo trecentesimo septuagesimo quinto. NOS autem litteras super scriptas, remissionem, restitutionem, donacionem et omnia et singula in ipsas contenta rata et grata habentes, eas et ea volumus, laudamus, approbamus et rattifficamus et de nostris auctoritate regia et gracia speciali tenore presentium confirmamus bonaque predicta in dictis litteris declarata ad qualemcumque summam seu valorem ascendant, non obstantibus quibuscumque donacionibus inde super hoc per nos aut carissimum germanum nostrum predictum aut alios quoscumque factis, et quibuscumque confirmationibus inde secutis, eisdem Johanni, Guillermo, Johanni et Raymundo et eorum cuilibet prout ad ipsos pertinent de novo si sit opus damus et concedimus per presentes de nostris auctoritate et gracia supradictis. Quocirca senescalis Petragorisini, Agennesii, Caturcensi et Lemovicensi ceterisque justiciariis et officiariis nostris et in regno nostro constitutis, presentibus et futuris, eorumque locum tenentibus et cuilibet eorum ut ad eum pertinet, tenore presentium mandamus quatenus dictos Johannem, Guillermum, Johannem et Raymundum et eorum quemlibet nostra presenti gracia uti et gaudere de cetero faciant et permittant, ipsos aut eorum alterum nullatenus in contrarium molestando, impediendo seu perturbando aut inquietando, quin imo in facta in contrarium si que sint ad statum pristinum et debitum reducant aut reduci et bona sua predicta quecumque sibi ablata sive impedita quoquo modo occasione donacionis seu donacionum predictarum eisdem restitui et liberari ad plenum faciant, visis presentibus indilate, donacionibus et confirmacionibus predictis in aliquo non obstantibus et quod in presentibus de valore dictorum bonorum eisdem remissorum et donatorum nulla specialis aut expressa mentio habeatur. Quod ut firmum et stabile permaneat in futurum nostris presentibus litteris fecimus apponi sigillum, jure nostro in aliis et alieno in omnibus semper salvo. Actum et datum in Sancto-Audomaro mense decembris, anno domini millesimo trecentisimo septuagesimo quinto, et regni nostri duodecimo.

(Archives Nationales, JJ. 108, pièce 28, f° 18. Trésor des Chartes).

D. Lettres de rémission en faveur de Guillaume de l'Eschamel, chevalier, seigneur de Favars, qui avait livré son chateau de Favars aux Anglais après la prise de Tulle, en 1373. — Du mois de mars 1374.

(pièce inédite)

CHARLES, etc., scavoir etc., à nous avoir esté signiffié de la partie de nostre amé et féal Gui de Eschamel, chevalier, seigneur de Favars et de Chanel (*sic*), du païs de Guienne et du diocèse de Tuelle, que comme nostre ennemi le duc de Lancastre passast derrain avecques ses gens par le païs de Lymosin et eust pris la dicte cité de Tuelle, le dict chevalier estant avecques sa femme et enfans en son chastel de Favars et eust oy la dicte prise du dict lieu de Tuelle, doubtans la venue de nostre dict ennemi et de ses dictes gens devant le chastel de Favars et que ils ne le preissent par force, considéré qu'il estoit moult petitement garny et pourveu de gens, fist et ordonna Pierre Gaydel, escuier et son cousin, capitaine de son dict chastel, lequel capitaine de la voulenté et consentement du dict seignieur, doubtans moult de la prise du dict chastel par nos dicts ennemis pour cause de la prise de la dicte cité de Tuelle, qui estoit asses près comme dessus est dict, fist venir et entrer, en icellui chastel, de son linage et autres non estans de nostre obéissance, voulant eschiver en toute manière à son pouvoir la prise et la destruction du dict chastel, qui bon semblablement eust été si nos ennemis l'eussent assailly, se non qu'il se feust pourveu par la manière dessus dicte. Toutefois tantost et incontinent que nos dicts ennemis furent passés le dict seigneur fist partir et mettre hors ceulx non estans de nostre dicte obéissance lesquels il avoit faict venir de la manière dessus dicte. Et comme depuis que derrièrement il vint à nostre obéissance il ait en volenté et ferme propos, ainsi que tousjours a et antand d'estre et demourer comme nostre vray et loyal subget en nostre obéissance; et ce qu'il a faict en ceste partie n'ait esté pour aucune mauvaistié ou voulenté désordonnée, mais seulement pour obvier à la perte et destruction de lui, sa femme et enfans et de son dict chastel et du païs environ qui eust été gasté et destruit tout entièrement par la prise du chastel dessus dict. Doubtans toutes voies que pour ces choses il ne peust estre repris ores ou es temps à venir, il nous a faict humblement supplier que sur ce nous plaise à lui impartir nostre grâce et le don de quatre vins livres de rente par nous faict et ottroié depuis les choses dessus dictes, si comme il a entendu et pour cause d'icelles, au sire de Montrocher lequel vendi icelle rente au père dudict chevalier, et quelsconques autres dons faicts de ses dicts biens, se aucuns y en avoit, pour l'occasion et cause ci-dessus dictes, rappeler et mettre au néant; considéré qu'il est de nostre dicte obéissance et en icelle veult vivre et mourir ainsi que bon et loyal subget de nous et de nostre royaume et de nostre couronne le veult et doit faire. Pour quoi nous en regar de ce que dict est, considérant la bonne voulenté que le dict chevalier de venir depuis ceste guerre encommencée à nostre dicte obéissance comme dict est, icelles avons quitté, remis et pardonné, quittons, remettons et pardonnons de grace especiale, auctorité royale et certaine science, par la teneur de ces présentes, toutes les choses dessus dictes et chascune d'icelles et ce qui s'en est et peult estre ensievi et dont il en pourroit estre repris par nos gens et officiers et le remettons en ses biens et bonne renommée si aucunement elle estoit dénigrée et abaissée pour ceste cause, pourveu que jamais ne fasse ou conseille le semblable, et avecques ce en ampliant sa dicte grâce, quelsconques dons faiz par nous pour les fais dessus dicts, tant au dict sire de Montrocher des dictes quatre cens livres de rente comme à autres, nous rappelons et mettons de tout au néant de nostre certaine science et auctorité dessus dictes. Si donnons en mandement au séneschal de Limosin et à tous nos autres officiers, justiciers et subgets ou à leurs lieutenans et à chascun d'eulx présens et à venir que le dict chevalier et les siens ils fassent, laissent et souffrent joir et user paisiblement de nos présentes grâce et rémission et contre la teneur des présentes ne les empeschent ou molestent d'ores en avant, mais mettent ou facent mettre au premier estat et de tout ce qu'ils trouveroient estre faict au contraire, et non contrestant ordonnances, mandemens et défences ad ce contraires. Et afin que ce soit ferme chose et estable à tousjours nous avons faict mettre nostre scel à ces présentes lettres, sauf en autre chose nostre droict et l'autrui en toutes. Donné à Paris le quinzième jour de mars l'an de grâce mil ccc soixante-treize et de nostre règne le dixième.

(Archives Nationales, JJ. 105, pièce 128, f°s 131-132. Trésor des Chartes. Copie aux Armoires de Baluze, t. 249 ; Bibliothèque Nationale, Mss.)

E. — Lettres de rémission en faveur de la ville de Brive, qui, après avoir refusé de recevoir les troupes françaises, s'était livrée au duc de Lancastre, en 1373. — Du mois de mars 1375 (1).

CAROLUS dei gracia Francorum rex. Universis presentibus pariter et futuris nos infrascriptas carissimi germani nostri ducis Andegavensis et Turonensis, comitisque Cenomanensis vidisse litteras formam que sequitur continentes :

Ludovicus, regis quondam Francorum filius, domini mei regis germanus ejusque locumtenens in tota lingua Occitana, dux Andegavensis et Turonensis ac comes Cenomanensis. Universis presentes litteras inspecturis, salutem. Sicut Deus non vult mortem peccatoris sed quod convertatur et vivat, ita veniam petentibus debet nullathenus denegari, quin ymo principis interest cujuscumque ad instar altissimi creatoris cui proprium est misereri talibus contritis misericorditer compati eorumque benignis et humilibus supplicacionibus acquiescere ut corda multorum dura vitam perversam ducentes non habeant materiam ad vomitum redeundi, sed talibus potius flectentur exemplis. Notum facimus universis tam presentibus quam futuris quod cum consules, burgenses et habitatores de Briva in Lemovicinio qui jam pridem libenti animo tanquam veri, fideles et subditi dicti domini mei ad ejusdem obedienciam atque nostram devenerant, ipsum dominum meum in verum, directum et superiorem dominum suum, tanquam dominum ducatus Aquitanie recognescendo ac juramentum fidelitatis in manibus nostris aut certorum commissariorum per nos super hoc deputatorum prestiterant prout tenebantur et debebant, anno ultimo preterito, rebellionem commiserint et se rebelles

(1) Cette pièce a été publiée avec commentaires dans les *Archives historiques de la Corrèze*, pp. 193-208.

reddiderint erga dictum dominum meum et nos, plures confederaciones, parlamenta et tractatus habendo et faciendo cum inimicis dicti domini mei ac nostris, ipsis de dicta obediencia exeuntibus, nec non ducem Lencastrie cum omni ejus exercitu, dum ultimo venit seu transivit per patriam de Lemovicinio, et plures alios inimicos dicti domini mei et nostros receptando ac dictam villam de Briva intrare pacifice permittendo et se ipsos obedientes et de sequela dictorum inimicorum reddendo, partem suam foventes et inimicos regni se ex tunc reputantes, crimen lese magestatis committendo et in eo incidendo; cumque ante eventum dicti ducis Lencastrie plures armorum gentes dicti domini mei ac nostre ad dictam villam de Briva supervenissent intentione ipsos consules, burgenses, habitatores et villam predictam custodiendi ac eosdem contra potestatem et maliciam inimicorum nostrorum amparandi et eos deffendendi, nichilominus ipsi consules, burgenses et habitatores eorum malum propositum ad effectum deducere volentes, Deum pre occulis non habendo, introhitum dictis gentibus armorum denegarunt et totaliter renuerunt et deinde postquam prefatum ducem Lencastrie receptarunt se, continue mala malis accumulando, sub obediencia dictorum inimicorum et in dicta rebellione tenuerunt et animo indurato in eorum malicia perseverarunt usque ad festum beate Marie Magdalene proxime lapsum vel circa. Quo tempore carissimus consanguineus noster dux Borbonie ante dictam villam accessit cum certa et magna armorum gencium quantitate, eosdemque consules, burgenses et habitatores amicabiliter requisivit et requiri fecit ut ipsi vellent recipere graciose ac dictum dominum meum in dominum suum recognoscere prout de jure tenebantur, qui pejora pejoribus addendo et in dicta rebellione persistendo, premissa facere refutarunt; quorum occasione auctorisante felicitatis austencia (1) quam, dextera domini prefrangente recto dei tramite, dictus dominus meus, nos et corona Francie prosequimur, dicta villa de Briva ac prenominati consules, burgenses et habitatores cum eorum uxoribus, liberis, ac bonis quibuscumque ibidem existentibus capti et subjugati fuerunt vi

(1) Probablement pour *astantia*, assistance.

armorum per dictum consanguineum nostrum et gentes armorum secum assistentes. Quarum rebellionum ac criminum racione ipsi consules burgenses et habitatores incursi sunt deberentque eorum corpora et bona sua quecumque amittere et sunt ad voluntatem dicti domini mei ac nostre puniendi. Dictique consules, burgenses et habitatores de Briva nobis humiliter supplicari fecerunt quod cum predicta commiserint, plus per terrorem et timorem magni exercitus dictorum inimicorum, simplicitatem eorum et malum consilium aliquorum, quam per pravitatem sive dolum, quatinus eisdem super premissis nostram dignaremur gratiam misericorditer impertiri. Nos qui nunquam gremium nostre clemencie cuiquam claudimus peccata sua fatenti et nostram misericordiam debite postulanti, attendentes et considerantes quod retrolapsis temporibus carissimus progenitor noster Johannes, bone memorie dudum Francorum rex, cujus anima in domino requiescat, et sui predecessores Francorum reges in eorum bona gracia dictam villam de Briva, consules, burgenses, et habitatores ejusdem habuerunt, quodque ipsi consules, burgenses et habitatores interius, quamvis exterius ostendere non auderent, ad obediencíam dicti domini mei, pro servanda eorum fidelitate revenire quamplurimum affectabant et super hoc certos ad nos nuncios miserant ante capcionem ville predicte, eisdem consulibus burgensibus et habitatoribus dicte ville de Briva insimul et eorum cuilibet in solidum, premissis attentis, ob contemplacionem domini nostri summi pontificis qui super hoc nos affectuose rogari fecit. de nostris certa sciencia, gracia speciali et auctoritate regia qua fungimur in hac parte, remisimus, quittavimus et perdonavimus remittimusque, quittamus et tenore presencium indulgemus omnia et singula crimina, rebelliones et alia quecumque forefacta superius expressata et declarata et alia quecumque occasione premissorum insequta cum omni pena et esmenda corporali, criminali et civili quam propter ea incurrerunt, incurrere potuerint aut incurrisse dici possent, modo quolibet in futurum, ipsos et eorum quemlibet ad ipsorum lares, domicilia ac bonam famam, si propter hoc extiterit in aliquo denigrata, restituentes et reducentes, omnes et quoscumque processus, informaciones, inquestas, bannimenta, relegaciones, bonorum confiscaciones contra ipsos vel eorum alterum, conjunctim vel divisim, universaliter vel in particulari factas seu faciendas pro premissis vel aliquo premissorum aut dependencium ex eisdem, cassantes, revocantes et penitus annulantes, procuratoribus et officiariis regiis quibuscumque perpetuum silencium super hoc imponendo et ulterius ex uberiori gracia ac de nostris certa sciencia, speciali gracia et auctoritate regia predictis, prenominatis consulibus, burgensibus ac habitatoribus et universitati dicte ville pro se et suis successoribus reddidimus et restituimus, ac reddimus per presentes eorum consulatum seu domum communem cum omnibus juribus, deveriis, jurisdiccionibus, usibus, consuetudinibus, franchesiis, libertatibus ac privilegiis suis dicto consulatui seu dicte domui communi pertinentibus, quibus volumus et eisdem concessimus et concedimus per presentes quod ipsi consules, burgenses, et habitatores dicte ville de Briva presentes pariter et futuri perpetuis temporibus utantur utique possint et gaudere pacifice et quiete modo et forma quibus ipsi et eorum antecessores usi fuerunt ac uti consueverunt temporibus retrolapsis. Quodque ipsi consules, burgenses et habitatores et sui successores possint et valeant recipere, colligere, percipere et levare aut percipi, exigi et levari nomine suo facere omnia et quecumque barragia, imposiciones et gabellas ac alia emolumenta per dictum dominum meum sive nos ipsis alias data et concessa pro convertendo in fortificacione et clausura dicte ville, ac per ipsos consules, et predecessores eorum consueta exhigi et levari nonobstantibus donacionibus de dictis barragiis, imposicionibus et gabellis factis seu faciendis quibuscumque personis cujuscumque status vel condicionis existant. Et insuper hujusmodi graciam ampliando prenominatis consulibus, burgensibus et habitatoribus de Briva et eorum cuilibet universaliter et particulariter omnia et singula bona sua mobilia et immobilia terras, redditus et hereditates ac possessiones quascumque et ubicumque sint eisdem et eorum cuilibet ante rebellionem predictam pertinentes reddidimus et restituimus, reddimusque et remittimus per presentes, ac si opus sit premissorum occasione dicto domino meo fuerant applicata ea eisdem et eorum cuilibet de novo conferimus et donamus omnes et quascumque donaciones per nos seu dictum consanguineum nostrum ducem Borbonie vel alios, quacumque fungantur auctoritate, de predictis bonis factas seu faciendas, cassantes, irritantes, et annullantes ac nullas, cassas et irritas, ac nullius valoris existere decernentes et declarantes. Quocirca senescallis Lemovicensi, Petragoricensi, et Caturcensi ceterisque officiariis et justiciariis regiis qui nunc sunt vel tempore fuerunt aut eorum locatenentibus damus tenore presencium in mandatis quatinus predictos consules, burgenses et habitatores ville de Briva presentes pariter et futuros et ipsorum quomlibet nostris gracia, remissione, concessione, restitucione et donacione predictis uti et gaudere faciant et permittant nil in contrarium attemplando seu a quoquam attemplari permittendo, sed innovata seu attemptata si que sint ad statum pristinum et debitum reducant seu reduci faciant, visis presentibus indilate, quia sic fieri volumus et jubemus. Quod ut firmum et stabile perpetuo perseveret sigillum secreti nostri, in absencia magni, presentibus duximus apponendum, salvo jure regio et in omnibus alieno. Datum in monasterio Pruliani (1) anno Domini millesimo CCC° septuagesimo quarto, mense octobris.

Quasquidem litteras ac omnia et singula in ipsis contenta rata et grata habentes dicti germani nostri contemplacione ac contentorum in eisdem litteris consideracione, eas et ea volumus, laudamus, approbamus et ratifficamus ac tenore presencium de nostris auctoritate regia certaque sciencia et gracia speciali confirmamus, ac si sit opus, eisdem de novo premissa concedimus dantes hiis presentibus in mandatis senescallis Lemovicensi, Petragoricensi et Caturcensi ceterisque justiciariis et officiariis nostris qui nunc sunt aut pro tempore fuerint, quatinus consules, burgenses et habitatores de Briva in Lemovicinio modernos et futuros de quibus in supradictis litteris mentio fit specialis, et eorum singulos presenti nostra ac dicti germani nostri suprascripta gracia et concessione prout in dictis litteris continetur uti et gaudere pacifice pariter et quiete

---

(1) Prouilhan près Condom. Après la prise de Brive, le duc de Bourbon alla joindre le duc d'Anjou à Aiguillon, et ils firent ensemble campagne dans l'Agenais et la Gascogne. Durant l'automne ils s'emparèrent de nombreuses villes parmi lesquelles Condom et Fleurance en Gascogne, puis Lourdes en Bigorre, et l'hiver approchant le duc d'Anjou licencia ses gens. (Cabaret, ch. xxii.)

perpetuo faciant et permittant, juxta presencium et dicti germani nostri litterarum seriem et tenorem, quocumque in contrarium facta vel eciam innovata seu attemptata si que sint aut fuerint ad statum pristinum et debitum celeriter reducendo seu reduci faciendo. Quod ut firmum et stabile permaneat cunctis temporibus duraturum nostrum presentibus litteris fecimus apponi sigillum, salvo in aliis jure nostro et in omnibus quolibet alieno. Datum in castro nostro de Lupera mense marcii, domini millesimo CCC° septuagesimo quarto et regni nostri undecimo.

(Archives de la ville de Brive, Pièce originale. Archives Nationales Q. I, 141. Titres du domaine).

TABLE DES MATIÈRES

PIÈCES JUSTIFICATIVES.

DU MÊME AUTEUR

EN VENTE A LA LIBRAIRIE CHAMPION

9, quai Voltaire, Paris

ET A LA LIBRAIRIE Vve DUCOURTIEUX

7, rue des Arènes, Limoges.

La Démocratie et le Pouvoir judiciaire. Pau, 1872, in-8°........ 3 fr.

Le Testament du maréchal Blaise de Monluc, publié en entier pour la première fois avec un codicille inédit, notes et commentaires. Agen, 1872, in-8° (épuisé) 10 »

Le Droit de marque ou représailles dans les fors de Béarn. Pau, 1873, in-8°........ 3 »

Chronique bordelaise. Journal de François de Syrueilh, chanoine de Saint-André de Bordeaux, archidiacre de Blaye, de l'an 1568 à l'an 1585. Bordeaux, 1873, in-4°........ 5 »

Alain d'Albret et la succession de Bretagne. Pau, 1873, in-8°........ 3 50

La Vicomté de Limoges, géographie et statistique féodales. Périgueux, s. d. (1873-1879), in-8°........ 8 »

Tulle et le Bas-Limousin pendant les guerres de religion. — Henri III. — La Ligue. — Prise de Tulle par les huguenots. — (D'après des documents inédits). — Tulle, 1887, in-8°........ 10 »

Le Père Martial de Brive. La muse séraphique au XVIIe siècle. Avec portrait et figures. Paris, 1888, in-8°........ 3 50

La Gaieté de Baluze. Documents biographiques et littéraires. — Opuscules burlesques d'Etienne Baluze, avec portrait et fac-simile. — Tableau généalogique de la famille Baluze. Paris, 1888, in-8°. 4 »

Charlotte de Maumont, fille d'honneur de la reine Eléonore, femme de François Ier. Tulle, 1889, in-8°........ 3 »

Notice sur le couvent de Derses en Bas-Limousin. Brive, 1889, in-8°........ 1 50

L'abbé J.-C. Jumel, le Père Duchêne de la Corrèze. Paris, 1889, in-8°........ 3 »

Rôle des nobles du Limousin, reçus et la montre faite par le commissaire du roi en 1470. (Extrait des archives historiques de la Corrèze). Paris, 1889, in-8°.. 3 »

Les Victimes du Gers devant le tribunal révolutionnaire de Paris. An II. — Jean-Antoine de Rouilhan, baron de Montaut. Auch, 1890, in-8°........ 2 »

L'Exil de Voltaire à Tulle, 1716. Paris, 1890, in-8°........ 1 »

Extrait de « Le Limousin ». — Caractère et mœurs. Limoges 1890, in-8°..... 1 »

Histoire du Collège de Tulle, depuis son origine jusqu'à la création du lycée, 1567-1887. Avec planches. Paris, 1892, in-8° 8 »

Les Duhamel, sculpteurs tullois du XVIIe siècle. Caen, 1892, in-8°........ 2 »

Célébrités de la ville de Brive. — Les de Lestang. Les Meynard de Lestang. Les Polverel. Avec portraits et fac-simile. Paris, s. d. (1892), in-8°........ 3 50

Joseph-Anne Vialle, poète et lexicographe bas-limousin. Paris, 1893, in-8°... 3 »

Pierre de Chiniac. Agen, 1891, in-8°... 2 25

Notice de quelques livres des premiers imprimeurs de Limoges. Limoges, 1895, in-8°........ 2 50

Une Page ignorée de l'histoire de Tulle. — La prise de Tulle par Jean de la Roche, capitaine de routiers, le jour de la Fête Dieu (30 mai) 1426. Paris, 1895, in-8°........ 2 50

Un Capitaine de routiers sous Charles VII. Jean de La Roche. Paris, 1895, in-8° 2 50

François de Grenaille, sieur de Châteaunières. Notice biographique et bibliographique, suivie de « Noël Paschal ou Hymne sacro-burlesque pour l'heureux avènement de Mgr de Tulle en son évêché : 1651 », par le sieur de Châteaunières. Avec portrait. Paris, 1895, in-8°..... 2 50

La Maréchale de Saint-André et ses filles. Paris, 1896, in-8°........ 2 50

Le Protestantisme et l'érudition dans le pays basque, au commencement du XVIIe siècle. Jacques de Béla. Biographie. Extraits de ses œuvres inédites. Paris, 1896, in-8°........ 3 »

La Vie seigneuriale sous Louis XIII. D'après des correspondances inédites. — Le vicomte de Pompadour, lieutenant-général du roi en Limousin et Marie Fabry, vicomtesse de Pompadour. Paris, 1897, in-8°........ 3 »

Sous presse : *Archives historiques de la Corrèze, ancien Bas-Limousin. Recueil de documents inédits, avec notes et commentaires, depuis les origines jusqu'à la fin du XVIIIe siècle*, in-8°, tome Ier.

www.ingramcontent.com/pod-product-compliance
Ingram Content Group UK Ltd.
Pitfield, Milton Keynes, MK11 3LW, UK
UKHW021108220726
13924UKWH00004B/1577